현직 역사 교사들이 '제대로' 쓴 알차고 재미있는 한국사!

머리 아프게 공부해야 하는 역사가 아닌, 즐기면서 푹 빠져 읽을 수 있는 역사책. 풍부한 사료를 씨줄과 날줄로 삼아 옛사람들의 삶을 생생하게 되살려 낸 점이 돋보인다. 아이들이 진실한 이야기의 속맛을 느끼며, 역사 속으로 빠져들기를 기대한다.
— **김태웅** 서울대학교 역사교육과 교수

아이들의 독서 습관을 잘 아는 선생님들이 '제대로 된' 역사책을 펴냈다. 참 쉽다. 그러면서도 왜 역사가 우리의 삶과 성장에 필요한지를 몸소 느끼고 체험할 수 있게 써 놓았다. 《제대로 한국사》와 함께 우리 역사를 마음껏 탐구해 보자. 두둥두둥~ 자, 출발!
— **장용준** 함평고등학교 교장

아이들이 읽을 역사책은 무엇보다도 내용이 아이들에게 딱 맞는 제대로 된 것이어야 한다. 학교 현장에서 '살아 있는 역사 교육'을 실천해 온 전국역사교사모임 선생님들이 가꾼 한국사 텃밭이라면 우리 아이들이 '제대로 자랄 수 있는' 놀이터이자 우리 역사를 '제대로 느낄 수 있는' 배움터로 충분할 것이다.
— **전병철** 공주생명과학고등학교 교사

역사는 이야기다. 사람들이 있고, 사람들이 한 일이 있고, 그 사이 시간이 흘러간다. 《제대로 한국사》는 지금껏 이 땅에 살았던 사람들의 삶을 끊어지지 않는 이야기로 이어 놓았다. 누구든지 제 삶을 거짓 없이 돌아볼 수 있어야 앞날을 희망으로 그릴 수 있다. 이 책을 읽는 아이들이 만들어 갈 세상이 희망적인 까닭이다.
— **김강수** 수동초등학교 교사, 전국초등국어교과모임 회장

왕이나 위인들만의 역사가 아닌 보통 사람들의 이야기도 담겨 있는 역사책. 역사에 등장하는 인물들의 마음과 생각을 이해할 수 있으며, 초등 역사에서 꼭 알아야 하는 인물사, 생활사, 문화사 등 한국사를 '제대로' 담고 있다. 재미있으면서 가볍지 않고, 진지하면서도 무겁지 않다.
— **문재경** 부산효림초등학교 교사, 전국초등사회교과모임 공동 대표

우리 역사의 큰 흐름을 재미있는 내러티브로 이어 가고 있는 책이다. 관점은 믿음직하고 이야기는 유려하며 내용은 알차다. 아이들에게 권할 만한 '제대로 된 이야기 한국사' 책이 나와 반갑다. 내 아이에게 꼭 읽히고 싶다.
— **이성호** 서울배명중학교 교사, 역사교육연구소 어린이분과 연구원

아이들은 역사에서 오늘을 사는 우리의 삶을 비판적으로 읽어 낼 수 있어야 한다. 왕과 영웅의 역사 이야기 속에서도 언제나 약자였던 백성의 힘을 통찰할 수 있는 눈을 가져야 한다. 이 책은 교과서가 빠뜨린 '역사를 바르게 보는 눈'을 아이들에게 제공한다.
— **박진환** 논산내동초등학교 교사

'읽는 재미'와 '감동'을 선사하는 《제대로 한국사》는 교과서의 보조 교재로 사용하고 싶을 정도로 역사 고증에 충실하다. 이 책을 읽은 아이들은 역사는 암기가 아니라 그 시대를 살아간 사람들이 만들어 간 이야기이고, 역사를 배우는 의미는 깊이 있는 통찰력을 얻기 위해서라는 사실을 자연스럽게 깨닫게 될 것이다.
— **이어라** 의정부여자고등학교 교사

어릴 때 누구나 한번쯤 가져 봤던 궁금증. 내 아버지의 아버지, 아버지의 아버지는 어떤 사람이었을까? 내 어머니의 어머니, 어머니의 어머니는 어떻게 살았을까? 그 질문에 대한 가장 정성스럽고 현명한 답이 들어 있는 책. 박물관의 유물로만 여겨지던 역사를 살아 숨쉬는 사람의 이야기로 들려주는 책이다.
— **김선정** 남양주월문초등학교 교사

시간의 흐름을 놓치지 않고 우리 역사의 시작부터 지금에 이르기까지를 다룬 《제대로 한국사》는 '살아 있는 이야기'로 다가온다. 이 책을 만나는 사람 모두가 지나온 길을 돌아보는 용기와 앞길을 내다보는 웃음을 얻을 것이라 믿는다.
— **윤승용** 남한산초등학교 교사

전국역사교사모임
선생님이 쓴
제대로 한국사
10

전국역사교사모임
선생님이 쓴
제대로
한국사

10

대한민국의 어제와 오늘

전국역사교사모임 지음

휴먼
어린이

초대하는 글

역사책을 읽으며 웃고 우는
너희를 보고 싶다

《제대로 한국사》를 막 펼쳐 든 아이들아! 이 책은 우리나라 역사에 대해 쓴 책이란다. 이 책을 쓴 우리는 모두 학교에서 역사를 가르치는 선생님이면서, 너희 같은 아들딸을 둔 부모이기도 해. 너희는 '역사', '역사책'이라고 하면 어떤 생각이 떠오르니?

민경 아, 또 역사책이에요? 엄마가 들이미는 역사책은 재미없고 지루한데……. 나는 '해리 포터' 시리즈 같은 소설책이 좋아요. 한번 읽기 시작하면 점점 빠져들고, 뒷이야기가 궁금해서 견딜 수가 없거든요. 수많은 사람의 삶에 대한 이야기를 읽고 나면 감동도 밀려와요. 하지만 역사책은 별로 재미도 없고 감동도 주지 않으면서 괜히 폼만 잡아요. "이것도 알아야 한다.", "저것도 중요하다."라며 외워야 할 것만 죽 늘어놓고 있어요.

역사가 재미없다고? 그래 맞아. 너희가 그렇게 생각하는 것도 무리는 아니지. 역사 속 수많은 사람의 사는 이야기 대신 이름만 남고, 무슨 뜻인지도 모르고 외워야 할 제도만 남은 역사책은 재미없는 게 당연하단다. 하지만 역사야말로 수많은 사람이 얽히고설키면서 만들어 간 가장 웅장하고 아름다운 이야기, 가장 극적인 울트라 수퍼 드라마란다.

우리는 옛사람들의 삶과 이야기가 묻어나는 살아 있는 역사를 들려주고 싶었단다. 딱딱한 제도와 이름에 숨결을 불어넣어서 너희와 생생하게 만나게 하고 싶었어. 그래서 우리는 옛사람들이 남긴 책과 유물, 유적, 다양한 흔적 등을 열심히 살펴보았단다. 이러한 것들을 '사료'라고 하지. 옛사람들의 숨결과 생각이 담긴 사료들은 아주 생동감 있고 진실한 이야기로 다시 태어나서 너희에게 그 시대 사람들의 삶을 실감 나게 보여 줄 거야.

형주 나는 역사책을 좋아해요. 역사책을 읽으면 새롭게 배우는 게 많거든요. 최초의 근대적 조약은 강화도 조약이고, 최초의 근대적 병원이 광혜원이라는 것도 알아요. 대단하죠? 그런데 도대체 '근대적'이라는 말이 무슨 뜻이에요?

형주는 아는 것이 정말 많구나! 그런데 역사 공부는 퀴즈 대회를 준비하는 것과는 다르단다. 역사를 좋아하고 역사책을 많이 읽었다고는 하지만, 역사라는 커다란 그림을 보지 못하는 친구들도 많단다. 길을 갈 때 보도블록의 모양을 자세히 들여다보느라고 내가 어디로 가고 있는지 보지 못하는 경우처럼 말이야.

시간의 흐름을 칼로 자를 수 없듯이 역사도 계속 이어진단다. 한 사건은 다른 사건을 낳고, 그 사건은 또 다른 사건으로 이어지고……. 눈에 보이지 않는 작은 변화들이 모여서 어느덧 완전히 다른 모습의 사회가 만들어지기도 했단다. 그 속에서 사람들이 어려움을 이겨 내기도 하고, 길이 기억될 만한 멋진 문화유산을 남기기도 했지. 이렇게 큰 그림을 보듯 역사를 만나면, 어느덧 사회를 읽는 눈과 사람을 보는 눈을 키울 수 있단다.

우형　우리나라 역사는 갑갑해서 싫어요. 피라미드나 베르사유 궁전처럼 크고 화려한 유적도 없고, 땅덩이도 좁고, 맨날 다른 나라한테 얻어터지기나 하고. 우리나라 역사를 읽으면 우울해져요. 우리가 일본보다 먼저 서양 문물을 받아들였다면, 일본의 식민지가 되지도 않았을 테고, 만주 땅도 다 우리 땅이 되었을 텐데 말이죠.

우리가 힘이 세서 다른 나라에 쳐들어갔다면 자랑스러운 역사일까? 자랑스러운 역사, 빛나는 역사는 땅덩어리의 크기나 전쟁의 승리로 정해지는 것이 아니란다. 《제대로 한국사》를 읽다 보면, 우리나라 사람들이 얼마나 열심히 씩씩하게 살아왔는지를 알게 될 거야. 끊임없는 전쟁 속에서도 굳건히 가꾸어 온 희망, 온갖 위기와 역경을 헤쳐 나온 지혜, 좌절을 딛고 일어선 용기를 배울 수 있을 거야. 그러면서 너희는 분명 우리나라 역사를 사랑하게 될 거야.

너희가 만들어 갈 세상은 우리가 살아온 지난날보다 더 나은 모습이기를 바란다. 미래를 만들어 가는 데 과거를 돌아보는 것만큼 도움이 되는 것도 없지. 우리는 《제대로 한국사》가 너희에게 그런 도움을 주었으면 하고 간절히 바란단다.

지금부터 우리 조상들이 살아온 5000년의 이야기, 꿈을 꾼 사람들, 희망을 노래한 사람들, 성공한 사람들과 좌절한 사람들, 실패한 듯 보였지만 역사 속에서 살아난 사람들의 이야기를 들려줄게. 그 속에서 너희가 주인공이 될 멋진 미래를 꿈꾸어 보렴.

2015년 10월
글쓴이들

차례

초대하는 글 • 4

1 대한민국의 성립과 분단

해방과 새 나라 건설 • 12
민족을 둘로 나눈 전쟁 • 36
대한민국과 북한, 다른 길을 걷다 • 54
문화재를 찾아서 분단의 아픔이 품은 보석, DMZ • 68

2 경제 개발과 민주화 운동

이승만을 몰아낸 4·19 혁명 • 72
경제 도약의 시작 • 86
독재 정치에 맞선 국민 • 108
세계 속의 한국인 소년의 눈물 • 126

제대로
한국사
10

3 민주화와 남북의 화해 협력

민주주의를 위한 노력 • 130

남과 북이 만나다 • 150

미래로 세계로 • 164

만약에 미래를 이야기할 수 있다면? • 180

연표 • 184

사진 자료 제공 • 187

찾아보기 • 188

1945년
- **8월** 일본 항복, 해방
- **9월** 미군이 들어옴
- **12월** 모스크바 3국 외상 회의

1948년
- **4월** 4·3 항쟁 시작
- **5월** 총선거 실시
- **8월** 대한민국 정부 수립
- **9월** 조선 민주주의 인민 공화국 수립

1

대한민국의 성립과 분단

1953년
7월   정전 협정 체결
10월   한·미 상호 방위 조약 체결

1950년
6월   한국 전쟁 발발
10월   중국군의 한국 전쟁 개입

해방과
새 나라 건설

해방, 그날이 오다

1945년 8월 15일 이른 아침, 여운형은 조선 총독부 관리인 엔도와 마주 앉았다.

"일본은 이번 전쟁에서 졌습니다. 오늘 정오 무렵에 천황 폐하께서 전쟁을 끝낸다는 방송을 할 겁니다. 우리 일본인은 이제 조선을 떠나 일본으로 돌아가야 합니다. 안전하게 돌아갈 수 있도록 여운형 선생이 도와주기 바랍니다."

엔도의 말에 여운형은 알 듯 말 듯한 미소를 지으며 대답했다.

"지난 수십 년간 일본이 조선에게 한 일을 생각해 보시오. 내가 왜 당신들의 안전을 보장해야 합니까?"

엔도는 몸이 달았는지 마른 입술에 침을 묻혔다.

"여운형 선생, 그러지 말고 잘 생각해 보시오. 조건이 있다면 다 들어 드리겠소."

여운형은 천천히 입을 열었다.

"내가 요구하는 다음 조건을 들어준다면 그대들의 안전한 귀국을 보장하겠소. 첫째, 형무소에 갇혀 있는 모든 정치범과 경제범을 즉각 석방하시오. 둘째, 추수가 끝날 때까지 3개월분의 식량을 보장하시오. 셋째, 우리 스스로 치안을 유지하고 새로운 나라를 세우기 위한 준비를 하는데, 어떠한 방해나 간섭도 해서는 아니 되오. 넷째, 청년·학생·노동자·농민이 새로운 조직을 만들고 건국 사업을 하려는 것을 방해하지 마시오."

엔도의 얼굴이 파래졌다.

"내가 부탁하는 건 그대가 치안을 유지하면서 우리를 안전하게 보내 달라는 거요. 하지만 당신이 원하는 건 마치 모든 통치권을 조선에 넘겨 달라는 것과 다름이 없지 않소."

"엔도, 이제 조선은 일본의 식민지가 아니오. 우리 손으로 새로운 나라를 세울 것이오."

잠시 침묵하던 엔도는 힘없이 고개를 끄덕였다. 여운형의 말이 맞았기 때문이다.

"오늘 정오라고 했소? 천황의 항복 방송을 잘 듣기 바라오. 참, 오늘 안으로 우리 조선인들을 석방해야 한다는 걸 잊지 마시오. 그대들의 안전은 그 뒤에 결정합시다."

여운형은 엔도의 어깨를 툭툭 두드려 주고 방을 나갔다.

1945년 8월 15일, 일본은 지긋지긋한 태평양 전쟁에서 졌다는 사실을 인정하고 연합군에게 무조건 항복하겠다고 했다. 연합군은 전쟁이 끝나면 한국을 독립시키겠다고 약속했던 터라 일본의 항복은 바로 한국의 독립을 뜻했다. 사람들은 라디오를 통해 일본 천황이 떨리는 목소리로 패배를 인정하고, 전쟁을 끝내겠다고 발표하는 소리를 들었지만 쉽게 믿지 못했다.

"일본 순사들이 아직도 저렇게 있는데, 잘못 만세를 불렀다가 잡혀가는 거 아닐까?"

"맨날 일본이 이긴다고 하더니만 그건 다 거짓말이었나?"

"미국이 일본에 큰 폭탄을 떨어뜨려서 일본 사람들이 다 죽었다고 하던데, 그게 사실이었나 보네?"

"갑자기 해방이 된다니 좋기는 한데, 믿어지지도 않고 말이야……. 꼭 뭐에 홀린 것 같아. 독립군이 일본 군인들이랑 싸우다가 일본 놈들이 꽁지 빠지게 도망가는 모습을 봐야 실감이 날 것 같은데, 이건 그것도 아니고

해방의 기쁨
감옥에서 풀려나와 만세를 외치는 독립투사들과 이를 환영하는 시민들의 모습이다.

말이야……."

"허허~ 해방이 도둑처럼 오네그려."

사람들은 숨을 죽이고 서로 눈치를 보았다. 너무나 간절히 기다리던 순간이 왔는데도, 오히려 믿어지지 않았던 것이다. 하지만 오후가 되어 독립투사들이 감옥에서 풀려나오는 것을 보자 드디어 일본이 망했다는 사실이 실감이 났다.

감옥 문이 열려 오랫동안 고생했던 사람들이 풀려나오고, 일본의 앞잡이가 되어 사람들을 괴롭히던 친일파들은 보복이 두려워 어디론가 몸을 숨겼다. 친일 경찰이 사라진 자리에는 여운형이 중심이 된 건국 준비 위원회가 치안을 담당하며 질서를 유지했다.

사람들은 저마다 태극기를 손에 들고 거리로 뛰쳐나왔다. 수십 년 전에

건국 준비 위원회에서 강연하고 있는 여운형
건국 준비 위원회는 빠른 시일 안에 자주적인 정부를 수립하기 위해 지역별 인민 위원회를 구성해 건국 준비 활동을 펼쳤다.

본 태극 모양을 기억해 일장기에 먹물이나 파란색으로 대충 그려 만든 태극기도 있었다. 궤의 모양이 뒤죽박죽 잘못 그려진 태극기도 있었다. 하지만 나라를 되찾은 기쁨을 표현하기에는 아무 부족함이 없었다.

거리는 사람들로 넘쳐 났다. 울면서 노래를 부르다가 얼싸안고 춤을 추기도 하고, 누군가가 만세를 부르면 모두 함께 만세를 불렀다. 사람들은 목 놓아 노래를 부르고 또 불렀다. 만세를 외치고 또 외쳤다. 그동안 나라 잃은 국민으로 받았던 설움이 눈물 속에 씻겨 내렸다.

이제 전쟁이 끝났으니, 강제로 끌려갔던 사람들이 돌아올 것이라 믿었다. 군대로 끌려가 생사를 모르는 청년들, 공장이나 광산으로 끌려가 강제 노동에 시달렸던 사람들, 그리고 죽음 같은 성 노예 생활을 강요받았던 여성들…….

"살다 보니 이런 날이 오는구나. 죽지 않고 살아 있으니 나라를 되찾는 것을 보는구나. 더 이상 지긋지긋한 일본 군인들, 일본 경찰들, 일본 관리들을 보지 않아도 되는구나. 참, 그동안 일본놈들과 함께 우리를 괴롭히던 친일파놈들, 지금 기분이 어떨까? 이제 너희는 다 죽었어!"

한반도를 둘로 나눈 38도선

1945년 8월 15일, 중국 시안에 머물던 김구는 뜻밖의 소식을 들었다.

"선생님, 일본이 항복했답니다."

"뭐, 왜적이 항복했다고? 아니, 어떻게 이런 일이……."

국내로 침투할 군인들을 훈련시키고 있던 김구는 당연히 기뻐해야 할 소식에 기뻐할 수가 없었다. 두렵기조차 했다. 김구는 훈련된 군대를 국내로 침투시키고, 나라 안에서 협력할 사람을 찾아내 우리 손으로 일본군을 몰아내기 위해 준비하고 있었던 것이다.

우리 민족의 손으로 일본군을 쫓아내지 못하면 또 누군가가 일본군을 몰아낸다는 구실로 내 나라에 군대를 주둔시킬 것이 뻔했기 때문이다. 일본군은 물러나지만 또 다른 외국이 주인 노릇을 할지도 모를 일이었다.

김구의 걱정은 현실로 다가왔다. 일본이 항복하기도 전에 미국과 소련은 한국을 절반씩 나눠 점령하기로 약속했던 것이다. 그 경계가 북위 38도선이었다. 하지만 당시 사람들은 38도선이 의미하는 것이 무엇인지 잘 몰랐다.

"38도선이라는 게 대체 뭐요?"

"보통 지도를 자세히 보면, 가로세로로 바둑판처럼 선이 그려져 있잖아요. 이 선들은 지구 위의 위치를 알려 주는 선들이에요. 그중에서 우리나라 가운데 허리를 가로로 지나가는 선이 바로 38도선이에요."

"그런데 이 선이 대체 뭐길래 우리나라를 둘로 나누느냐는 거지."

"38도선 남쪽에는 미군이 들어오고, 북쪽에는 소련군이 들어온대요."

"그러니까 도대체 왜? 왜 둘로 나눠서 따로따로 오냐고?"

"글쎄요……."

38도선은 지도 속에나 있을 뿐, 그때까지 38도선이란 말을 아는 사람은 거의 없었고, 나라 어디에도 38도선이란 표시는 없었다. 아무도 38도선을 경계로 생각하지 않았는데, 누구의 마음에도 없던 38도선이 생겨난 것이다.

38도선은 마을 한길을 가로지르기도 하고, 심한 경우는 방의 아랫목과 윗목을 가로지르기도 했다. 38도선 이남과 이북에 각기 다른 외국 군대가 주둔한 것이다.

소련 군대가 먼저 38도선 북쪽으로 들어왔다. 곧이어 남쪽에는 미군이 들어왔다. 미국과 소련 군대는 일본군을 몰아낸다는 구실로 들어왔으나, 우리나라 사람의 뜻과 상관없이 자신들이 이 나라의 주인인 것처럼 행세했다.

사람들은 미군과 소련군을 열렬히 환영했다. 그들 덕분에 전쟁에서 일본이 패하고 우리가 독립한 것이라 믿었다. 또 두 나라가 서로 잘 의논해 우리나라의 장래에 도움을 주길 바랐다. 아니, 오랫동안 독립을 염원해 온 이 땅의 주인들 마음을 잘 헤아려 주길 바랐다. 하지만 두 나라가 저마다 자기 이익을 앞세우다 보면, 38도선 이남과 이북에 미국과 소련을 닮은 두 나라가 각각 만들어질지도 모를 일이었다.

사람들은 땅에 그어져 있는 38도선을 걱정스럽게 바라보았다. 곧 그 선을 따라 미군과 소련군이 보초를 서고 철조망이 생겨났다. 그 선을 따라 한 마을이 둘로 나뉘어 서로 오갈 수도 없게 되었다. 사람들의 마음속에도 보이지 않는 38도선이 그어지고 있었다. 38도선 남쪽에서는 미군의 편을 드는 사람이, 38도선 북쪽에서는 소련군의 편을 드는 사람이 점점 힘을 얻었다.

처음 우리나라에 들어온 미군들은 자신들이 점령하고 다스려야 할 나라에 대해 아는 것이 없었다. 그리고 군인이었던 그들은 전쟁은 잘할 수 있었지만 모르는 나라를 관리하고 다스리는 일에는 서툴렀다.

해방 후 분단의 시작

38도선 이북 지역에 도착한 소련군
(1945. 8. 25)
소련군이 8월 11일 처음 한반도 상륙 작전을 펴 평양에 도착한 모습이다.

38도선
사진 속 군인이 38도선을 표시한 이 길은 그로부터 얼마 뒤 오갈 수 없는 길이 되고 말았다.

38도선

38도선 이남 지역에 도착한 미군
(1945. 9. 8)
소련군이 들어온 뒤 38도선 이남으로 미군이 들어왔다.

일본의 무조건 항복
(1945. 8. 15)
9월 2일 치러진 항복 조인식 모습이다.

그들이 만난 일본인들은 한국에 대해 나쁜 소리만 늘어놓으며 조심해야 한다고 했다. 여운형이 만든 건국 준비 위원회도, 김구가 이끄는 대한민국 임시 정부도 모두 험악한 사기꾼 집단이라고 모함했다. 미군은 여운형이 중심이 된 건국 준비 기구를 인정하지 않았으며, 김구가 이끌던 대한민국 임시 정부도 인정하려 하지 않았다.

그리고 일본인이 임명했던 관리나 경찰을 그대로 일하게 했다. 이들 중에는 조선인의 권리를 함부로 짓밟고 독립운동을 탄압하던 이들도 적지 않았다.

사람들은 기대와 걱정이 섞인 눈길로 새로운 지배자가 된 미군을 바라보았다. 미군은 우리나라에 처음 들어오자마자 포고령을 발표했다. 영어로 된 포고령을 읽을 수 있는 사람이 별로 없었기 때문에 한국어로 해석해서 담벽 여기저기에 붙여 놓았다.

일본 국기의 하강
미군이 지켜보는 가운데 조선 총독부 앞에 세워져 있던 일장기가 내려지고 있다.

미국 국기의 게양
일본의 일장기가 내려진 자리에 다시 미국의 성조기가 올라가고 있다.

조선인들에게 알림

미군 육군 부대 총사령관 더글라스 맥아더는 다음과 같이 알린다. 일본국 정부는 연합국에게 무조건 항복했으며, 항복 문서의 내용에 따라 나와 나의 빛나는 군대는 오늘부터 북위 38도선 이남의 영토를 점령한다.

1조 북위 38도 이남의 조선 영토와 조선인에 대한 통치의 모든 권한은 나에게 있다.

2조 과거 정부의 공무원과 옛날 일본을 위하여 일했던 사람들, 기타 중요한 사업에 종사하는 모든 사람은 새로운 명령이 있을 때까지 하던 업무를 계속하고 모든 기록과 재산을 보존·보호해야 한다.

"미군은 일본인을 쫓아내고 조선을 해방시키려고 온 것 아닌가요?"
"왜 아니야? 포고령에도 조선을 독립시킨다고 써 있잖아."
"그런데 왜 우리 영토를 점령하겠다고 하지요? 게다가 공무원이나 사업가들에게 하던 일을 계속하라니요. 일제 강점기에 조선 총독부나 일본 경찰 밑에서 일하던 친일파들이 계속 미군 밑에서 관리 노릇도 하고 경찰 노릇도 한다는 거잖아요. 미군이 일본인은 쫓아내고 친일파는 잡아서 벌 줘야 하는 거 아니에요?"

일본의 패망과 동시에 어디론가 도망쳤던 친일파들이 하나둘씩 돌아왔다.

"일본이 이렇게 빨리 망할 줄은 미처 몰랐지. 그래도 몇백 년은 갈 줄

알았다고."

"이제 정말 모든 게 끝났구나 싶었는데, 미군이 우리를 살려 주었군. 미군은 우리의 은인이야."

"미군이라고 우리가 예뻐서 살려 주고 다시 일을 시키겠어? 세금 걷는 일이며, 치안을 유지하는 일이며, 우리가 아니면 안 되니까 그런 거지. 이런 때일수록 딴생각하지 말고 열심히 일해서 일본 대신 미국에게 인정을 받아야 하지 않겠어?"

일제 강점기에 일본에게 충성을 바치며 같은 민족을 못살게 굴던 친일파들은 자신들의 안전과 출세를 위해 이번에는 미군에게 충성을 다했다. 친일파들은 구사일생으로 다시 살아났을 뿐 아니라 새로운 나라를 세우는 데 앞장서서 한몫을 하게 된 것이다.

해방 당시에 활동한 지도자들

중도 세력, 여운형과 안재홍
건국 준비 위원회를 만들었던 여운형(왼쪽)과 안재홍(오른쪽). 해방될 때까지 국내에서 활동했던 인물로, 일제가 패망한 직후 자주적인 국가 건설을 위해 가장 발 빠르게 움직였다.

대한민국 임시 정부와 김구
대한민국 임시 정부 요인들로, 핵심 인물은 김구(앞줄 가운데)이다. 해방 후 이들은 임시 정부 자격으로 귀국하려 했으나 미군은 오직 개인 자격으로만 귀국할 수 있게 했다.

새 나라 건설을 향한 길

여러 사람이 새로운 나라를 건설하려는 희망을 갖고 크고 작은 단체를 만들었다. 국외에서 귀국한 독립운동가들과 국내에서 활동하던 애국지사들, 그리고 슬쩍 옷을 갈아입은 친일 세력까지, 어떠한 나라를 어떻게 만들 것인가에 대한 주장도 많았고 의견도 분분했다. 시끌벅적하지만 희망에 부푼 하루하루였다.

수많은 민족 지도자와 그 주변에 모인 사람들이 우리나라의 앞날에 대해 고민했다. 정부를 어떻게 만들어야 하고, 군대는 어떻게 유지해야 하는지, 국민들에게 세금은 어떻게 걷고, 교육은 어떻게 시켜야 할지, 모든 것을 새롭게 만들어야 했다.

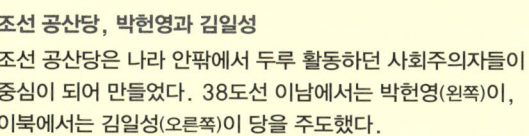

조선 공산당, 박헌영과 김일성
조선 공산당은 나라 안팎에서 두루 활동하던 사회주의자들이 중심이 되어 만들었다. 38도선 이남에서는 박헌영(왼쪽)이, 이북에서는 김일성(오른쪽)이 당을 주도했다.

한국 민주당과 이승만
김성수(왼쪽)가 주도했던 한국 민주당에는 일제 강점기의 지주와 자본가, 지식층이 많았다. 국내 정치에 기반이 없었던 이승만(오른쪽)이 이들과 협력했다.

그러나 하나는 분명했다. 모든 사람이 생각하는 새 나라의 모습은 '민주 국가'였다. 새로운 나라는 왕이나 황제가 다스리는 나라가 아니라 국민이 주인인 나라, 계급과 차별이 없는 나라여야 한다고 생각했다.

하지만 민주 국가를 어떻게 만들어야 하는지에 대한 구체적인 방법은 서로 달랐다. 국내에서 독립운동을 한 사람, 미국에서 독립운동을 한 사람, 중국이나 소련에서 독립운동을 한 사람의 생각이 서로 달랐고, 부자와 가난한 사람의 생각이 달랐다. 또 친일을 했던 사람과 친일파를 미워하는 사람의 생각이 달랐다. 38도선으로 나뉜 남과 북을 어떻게 다시 합쳐서 한 나라로 만들 것인가도 큰 문제였다.

대한민국 임시 정부를 이끌던 김구는 남과 북을 합쳐 통일 국가를 만들어야 한다고 생각했지만, 김일성과 손을 잡는 부분에서는 반대했다. 김구는 공산주의가 새 나라 건설에 도움이 되지 않는다고 생각했다. 이승만 역시 공산주의를 몹시 싫어해서 공산주의자보다는 차라리 친일파와 손을 잡는 것이 낫다고 여겼다. 하지만 국내에서 사회주의 운동을 이끌던 박헌영은 공산주의를 적극 받아들여서 차별이 없는 평등한 세상을 만들어야 한다고 생각했다. 여운형이나 안재홍은 사상이나 이념을 뛰어넘어 민족적으로 단결하자고 주장했다.

새 나라의 대표가 누가 되는지도 문제였다. 대한민국 임시 정부 승인을 위해 미국에서 외교 활동을 펼쳤던 이승만, 대한민국 임시 정부의 대표로서 중국에서 독립운동을 이끌었던 김구, 간도에서 독립군을 이끌다가 소련의 도움을 받으며 귀국한 김일성, 그리고 국내에서 비밀 조직을 이끌며 탄탄한 조직을 갖추고 있던 여운형과 박헌영, 기회가 있을 때마다

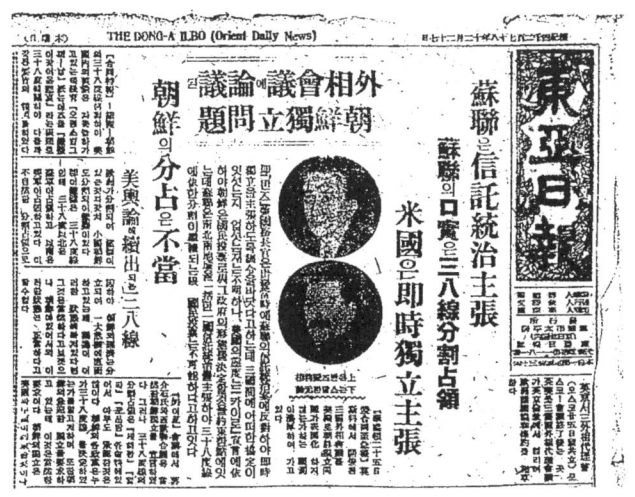

신탁 통치 내용을 보도한 신문
기사의 제목은 '소련은 신탁 통치 주장, 소련의 구실은 38도선 분할 점령, 미국은 즉시 독립 주장'이다. 실제 사실과 다른 잘못된 보도였지만, 당시 사람들에게 큰 영향을 주었다.

우리나라의 독립을 국제적으로 호소했던 김규식 등 수많은 지도자가 있었다.

그러던 1945년 12월 어느 날, 모스크바에서 미국과 소련, 영국의 외무장관이 모여 한반도 문제를 의논했다. 그들은 '한국의 독립 국가 건설을 위해 임시 정부를 수립할 것, 임시 정부 수립을 준비하기 위해 미국과 소련이 함께 의논할 수 있도록 공동 위원회를 만들 것, 미국·영국·소련·중국이 임시 정부와 상의해 5년 이내로 신탁 통치를 할 것'을 결정했다(모스크바 3국 외상 회의).

회의의 주요 내용은 임시 정부를 만든다는 것이지만, 한국인들에게는 '신탁 통치'라는 네 글자만 커다랗게 다가왔다. 신탁 통치란 다른 나라가 한국을 대신 다스린다는 것이다. 다시 말하면, 한국이 바로 독립 국가를 세울 힘이 없으므로 네 나라가 몇 년간 대신 다스려 주면서 독립할 힘을 길러 준다는 것이다.

"신탁 통치라니 또 다른 식민지가 아니고 무엇이란 말인가. 35년을 오로지 조국의 해방을 위해 모든 것을 바쳐 왔는데, 이제 와서 다시 식민지 지배를 받으란 말인가. 신탁 통치는 절대로 안 된다. 차라리 우리를 다 죽여라!"

처음에는 모든 사람이 다 같이 분노했다. 그러나 며칠 뒤 우선 38도선을 걷어 버리고 통일된 임시 정부를 수립하는 것이 중요하니까 무조건 반대는 안 된다고 주장하는 이들이 나왔다. 남북에 미군과 소련군이 와 있는 현실을 생각하면 두 나라와 협조하면서 민족이 단결하는 것이 분단을 피할 수 있는 길이라는 것이다. 그러나 이 주장은 신탁 통치를 결과적으로 받아들이는 것이라면서 반대하는 의견도 만만치 않았다.

사회주의자와 일부 민족주의자는 회의 결정을 받아들이자고 주장했다.

김구나 이승만은 어떤 경우에도 신탁 통치를 받아들일 수 없다고 했다. 회의 결정을 받아들일 것인지 말 것인지, 양쪽의 대립은 해가 바뀐 뒤에도 이어졌다. 이제 한반도는 모스크바 3국 외상 회의 결과를 둘러싸고 완전히 둘로 나뉘고 말았다. 나라와 민족을 걱정하는 마음은 하나였지만 사람들은 서로를 비난하며 폭력도 서슴지 않았다.

통일 정부 수립을 위한 노력과 좌절

1947년 7월 19일, 그날도 연설을 마친 여운형은 검은색 자동차에 몸을 싣고 혜화동 교차로를 지나가고 있었다. 여운형의 사무실과 집이 모두 근처에 있었기 때문에 하루에도 몇 번씩 지나다니는 길이었다. 갑자기 웬 트럭 한 대가 달려오더니 자동차 앞을 막아섰다. 놀란 운전사가 급히 자동차를 세웠다. 그때였다. 한 남자가 자동차 위로 뛰어올랐다.

"탕탕!"

총성이 울렸다. 여운형의 가슴에서 피가 솟구쳐 올랐다. 여운형의 경호원이 총을 쏜 남자가 도망간 쪽으로 몸을 날렸다. 하지만 어디선가 나타난 경찰은 암살범을 쫓지 않고 오히려 경호원을 체포했다. 그 틈을 타서 암살범은 재빨리 사라지고 말았다.

여운형은 왜 암살당했을까? 그는 미국과 소련 편으로 갈라져서 서로 헐뜯는 사람들을 하나로 모으기 위해 노력하던 중이었다. 공산주의자든 아니든 우리 민족이 서로 단결해야 미국과 소련도 서로 협력하려 할 것이고, 그래야 38도선을 걷어치우고 통일 정부를 세울 수 있다고 믿었다.

여운형은 우파인 김규식과 손을 잡고 좌·우 합작을 추진했다. 처음에는 미군정도 여운형과 김규식을 도와주었다.

그러나 공산주의자인 박헌영, 그리고 공산주의를 무조건 증오하는 이승만은 여운형과 김규식을 비난하며 뜻을 모으려고 하지 않았다. 여운형과 김규식의 노력에도 불구하고, 의견 차이는 갈수록 커졌고 정부 수립 문제는 한 치 앞을 내다보기 힘든 상태가 되었다. 바로 이때 어떻게든 의견 차이를 좁혀 통일 정부를 만들어 보려던 여운형이 암살당한 것이다.

그럼에도 불구하고 분단을 막으려는 노력은 계속 이어졌다. 이번에는 김구와 김규식이 분단을 막기 위해 손을 잡았다.

평양 남북 연석회의에서 연설하는 김구

"남북이 따로 정부를 세우는 것은 절대 안 됩니다. 차라리 내 허리가 두 동강이 나는 것이 낫지, 어떻게 나라를 두 동강 낸단 말입니까?"

"단독 정부 수립에 반대해야 전쟁을 막을 수 있습니다. 이남과 이북에 따로따로 나라가 세워지면 전쟁을 피하기 어려워집니다."

그들은 김일성에게 만나서 대화로 문제를 풀자고 제안했다. 마음을 굳게 먹은 김구는 김일성을 만나기 위해 38도선을 넘어 북으로 향했다. 김일성과 만난 김구는 몇 가지 기본 원칙에 합의하고 돌아왔다.

하지만 이미 너무 늦어 버렸다. 미국은 1948년 5월에 남한만 총선거를 실시해 단독 정부를 세우기로 결정했고, 김일성은 김구와 한 약속에도 불구하고 자기들 나름대로 정부를 만들기 위한 활동을 했다.

이제 통일 정부 수립은 너무 힘들어지고 말았다. 그러나 두 사람은 총선거를 치르기 며칠 전까지 남한의 여러 정치인은 물론 김일성을 비롯한 북쪽 지도자들을 설득하기 위해 노력했다.

결국 대한민국 첫 국회 의원을 뽑는 선거에는 김구, 김규식과 같이 분단을 막으려던 인사들이나 사회주의 계열 인사들이 거의 참가하지 않았다. 결국 분단은 피할 수 없는 일이라고 주장하던 이승만과 한민당이 국회를 주도하면서 권력을 잡았다.

이로부터 약 1년이 지난 1949년 6월 26일, 이승만의 강력한 견제 세력이며 통일 정부 수립을 애타게 바라던 김구마저 현역 군인 안두희에게 살해되면서 남과 북의 대화와 협상을 통한 통일의 가능성은 완전히 사라지고 말았다. 대한민국이라는 민주적인 새 나라를 만든다는 기쁨은 컸지만, 새 나라는 처음부터 허리가 잘린 고통을 안고 출발했다.

최초의 선거와 대한민국 정부 수립

1948년 5월 10일은 국회 의원을 뽑는 선거가 있는 역사적인 날이었다. 지금은 당연한 일이지만, 수천 년 동안 왕이 나라의 주인이었고, 또 35년 동안 일본이 나라의 주인 노릇을 했는데, 이제 나랏일을 할 사람을 국민이 직접 뽑게 된 것이다.

"선거란 무엇인가요? 국민 대신 나랏일을 할 사람을 뽑는 것입니다."

"나랏일은 공무원이랑 경찰들이 다 하잖아. 지들 맘대로."

"그러니까 맘대로 못 하도록 눈 크게 뜨고 지켜볼 국민의 대표를 뽑는 겁니다. 그게 바로 국회 의원이지요. 국회 의원들이 법을 만들면 공무원이나 경찰이나 다 그 법을 지켜야 합니다."

"그러니까 국민들 중에 대표자를 뽑아서 법도 만들고 공무원이나 경찰을 감시하게 하는 거군요?"

"그렇죠. 게다가 처음 뽑히는 이번 국회 의원들은 우리나라를 어떻게 새로 만들 것인지도 의논해서 결정하는 사람들이니 아주 중요합니다. 그러니 모두 투표를 하도록 합시다!"

"선거나 투표는 공부 많이 하고 돈 있는 사람들이 하는 거 아니오? 우리같이 못 배운 사람들이 나랏일 할 사람을 어떻게 뽑는단 말이오?"

"무슨 말씀! 배웠든 못 배웠든, 돈이 있든 없든, 남자든 여자든 모두 똑같이 이 나라의 주인입니다. 똑같이 한 표씩 찍을 수 있습니다."

남녀를 가리지 않고 부자나 가난한 사람이나 똑같이 평등하게 정치 권리를 행사할 수 있는 역사적 순간이었다. 하지만 제주도를 비롯한 몇몇

5·10 총선거 홍보 포스터
남한 지역에서 실시된 5·10 총선거는 21세 이상의 모든 성인에게 투표권이 주어진 역사상 최초의 보통 선거였다.

지역에서는 38도선 이남에서만 선거를 치르는 것에 반대하는 운동이 일어났다.

"결국은 나라가 두 쪽이 나는 거 아닙니까? 나라를 두 동강 내자고 일본 놈들과 그렇게 싸우고 독립운동을 한 겁니까? 우리 민족이 다 죽는 한이 있어도 분단은 절대 안 됩니다!"

하지만 하루라도 빨리 선거를 통해 국회를 만들고, 새 정부를 구성해야 한다고 생각하는 사람도 적지 않았다.

"아쉽더라도 하루빨리 선거를 통해 새 정부를 구성해야 합니다. 해방된 지가 3년이나 지났는데, 아직까지

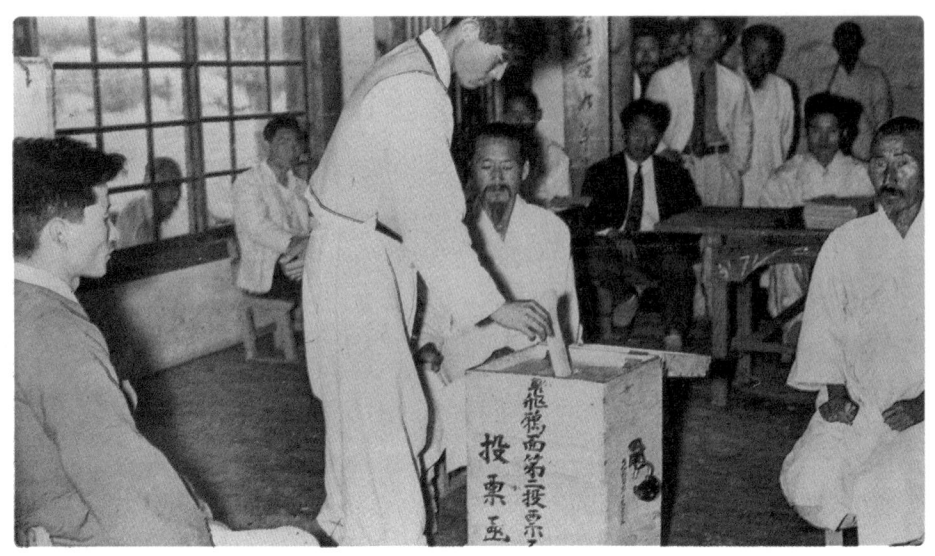

5·10 총선거 투표 장면
처음 실시하는 투표라서 사람들은 많이 어색해 했고, 남한만의 단독 정부 수립을 위한 선거에 반대하는 여론도 만만치 않았다.

정부도 못 세우지 않았습니까? 정부를 구성하고 나서 북한하고 합치면 되지 언제까지 미뤄야겠습니까?"

혼란과 흥분 속에서 역사적인 첫 선거가 치러졌고, 모두 198명의 국회 의원이 선출되었다. 7월 17일에는 이들이 만든 새 헌법, '제헌 헌법'이 확정되었다.

제헌 헌법은 나라의 주인은 국민이며, 모든 권력은 국민으로부터 나온 것임을 분명히 했다. 모든 국민은 법 앞에 평등하며(제8조), 부자와 가난한 사람의 빈부 차이를 줄이기 위해 중요한 기업은 국가가 운영해 여러 사람이 고루 혜택을 누리도록 하고(제87조), 농토를 고루 나눠 경작하는 것을 원칙(제86조)으로 했다.

- 왕도 귀족도 양반도 아닌, 모든 국민이 주인인 나라(제1조, 제2조)
- 국민의 자유와 권리를 보장하는 나라(제5조, 제9조)
- 전쟁 없이 평화로운 세상을 꿈꾸는 나라(제6조)
- 사람 위에 사람 없고 사람 밑에 사람 없는 모두가 평등한 나라(제8조)
- 양심대로 살고 신념과 믿음 때문에 억울한 대접을 받지 않는 나라(제12조)
- 신분에 관계없이 교육을 받을 수 있고 성공할 수 있는 나라(제16조)
- 내 손으로 농사지을 수 있는 내 땅을 가질 수 있는 나라(제86조)

또한 '이 헌법을 만든 국회는 1945년 8월 15일 이전의 악질적인 반민족 행위를 처벌하는 특별법을 제정할 수 있다(제101조).'고 하여, 일제에 빌붙어서 민족을 괴롭혔거나 독립운동을 탄압하는 데 앞장섰던 친일파를 처벌할 수 있도록 했다.

1948년 7월 24일, 독립운동가였던 이승만과 이시영이 대통령과 부통령에 취임했다. 그리고 8월 15일, 마침내 대한민국 정부가 수립되었다. 일제로부터 해방된 지 꼭 3년 만에 완전한 독립을 이룬 것이다.

이미 독자적인 정부를 준비하고 있던 북쪽에서도 같은 해 9월 9일, 조선 민주주의 인민 공화국이 성립되었다. 소련의 지원을 받던 김일성이 수상이 되어 정권을 장악했다.

소련이나 중국의 공산당과 함께 활동하던 독립운동가들과 38도선 이남에서 북으로 간 공산주의자들이 김일성을 도왔다. 그동안 사용해 왔던

대한민국 정부 수립 축하 기념식
1948년 8월 15일 오전 11시 20분, 중앙청 광장(오늘날의 광화문 광장)에서 정부 수립을 축하하는 기념식이 열렸다. 이승만 초대 대통령을 비롯해 해외 사절단, 정부 인사, 시민들이 정부 수립을 축하하고 있다.

태극기 대신 인공기를 새로운 국기로 정하고 애국가 대신 새로운 국가도 정했다. 조선 민주주의 인민 공화국의 수도는 서울이며, 평양은 통일된 정부를 세울 때까지의 임시 수도라고 발표했다.

이로써 한반도에는 38도선 이남과 이북에 서로 다른 두 개의 정부가 만들어졌다. 고려가 후삼국을 통일한 지 1000년 만에 다시 나라가 나뉜 것이다.

양측은 각자 자신이 진짜라며 상대를 비난하는 데 열을 올렸다. 한쪽이 진짜라면 다른 한쪽은 가짜여야 했다. 그래서 통일을 위해 대화하기보다

북조선 임시 인민 위원회
1946년 2월에 조직되었으며 위원장은 김일성(앞줄 가운데)이었다. 이후 북쪽에도 1948년 9월 9일, 조선 민주주의 인민 공화국이 성립되었다.

가짜를 비난하느라 바빴다. 심지어는 전쟁을 통해서라도 상대를 없애야 한다는 주장도 생겨났다.

　남북이 대립하면서, 친일 민족 반역자를 벌주기 위해 노력하는 것도 힘들어졌다. 군대나 경찰 안에 숨어 있던 친일파들이 북한과 싸우는 게 먼저라며 이를 가로막고 나섰기 때문이었다.

　이들은 자신이 살아남기 위해서 북한과의 대립을 부추겼으며, 심지어 평생 동안 독립을 위해 애써 온 독립투사를 빨갱이로 몰아 감옥에 가두고 죽이기도 했다.

　이렇게 두 개의 나라가 대립하는 가운데 사람들의 삶은 여전히 고달팠다.

민족을 둘로 나눈 전쟁

김일성과 북한의 전쟁 준비

김일성은 1949년과 1950년에 잇달아 소련을 방문했다. 그때마다 소련 지도자를 만났는데, 그중에는 소련 최고 지도자, 스탈린도 있었다.

"동지, 드디어 38도선 이남의 남조선 인민을 해방할 때가 왔습니다."

김일성이 먼저 말을 꺼냈다.

"그렇습니다. 지금 우리 군사력이 남조선보다 훨씬 앞서며, 남조선 인민들은 이승만 정부를 전혀 지지하지 않습니다. 우리가 38도선 이남을 공격하면 남조선 인민들은 우리 편을 들 것입니다."

남쪽 출신인 박헌영 부수상도 거들었다.

"하지만 미국이 가만있지 않을 거요."

스탈린이 걱정스럽게 이야기하자, 김일성과 박헌영은 미국이 한국 문제에 개입할 수 없을 것이라고 스탈린을 설득했다.

"남조선에 와 있던 미군은 모두 돌아갔습니다. 이제 남조선은 미국과 상관없는 국가가 되었습니다. 한반도에서 전쟁이 일어난다고 해도 다시 군대를 보내기는 쉽지 않을 겁니다."

"자신 있소?"

김일성과 박헌영은 북한의 전쟁 준비 상황을 상세히 설명하고 소련의 동의를 요청했다.

"알았소. 내가 어떤 도움을 줄 수 있는지 잘 생각해 보겠소."

소련의 동의를 얻은 북한은 곧이어 중국을 방문해 공산당 지도자 마오쩌둥을 만났다.

"이길 수 있나요? 만약 미국이 개입한다면 쉽지 않을 겁니다."

마오쩌둥도 걱정된다는 표정을 지었다. 김일성과 박헌영은 소련도 북한을 돕겠다고 약속했다는 점을 들며 다시 도움을 요청했다. 마오쩌둥은 소련 측에 다시 한 번 사실을 확인하고 말했다.

"알았습니다. 하지만 우리 중국이 남조선 인민을 해방시키는 전쟁을 직접 돕기는 어려울 것입니다. 다만 전쟁을 치르다 일이 잘못되어 남쪽 군대가 38도선 이북으로 넘어오면 그때는 도울 수 있는 방법을 생각해 보겠습니다."

북한은 이미 오래전부터 전쟁을 준비해 왔다. 이제 가장 확실한 동맹국이라 할 수 있는 소련과 중국이 북한의 계획에 동의하자 곧바로 이를 실천에 옮겼다. 북한 지도부가 중국에 다녀온 지 한 달쯤 지났을까? 북한군은 어느새 남북 사이의 국경선처럼 바뀐 38도선 근처에 대규모 병력을 준비했다.

민족의 비극, 한국 전쟁

 1950년 6월 25일, 일요일이었다. 일 년 중 해가 가장 빨리 뜨는 시기라서 하늘이 어슴푸레 변해 가며 새벽을 준비하고 있을 때였다. 서울 북쪽 미아리 고개 넘어 판잣집 작은 방에서 진이네 가족이 곤한 잠에 빠져 있었다. 멀리서 들리는 '쿵쿵!' 소리에 잠귀가 밝은 엄마가 깨어났다.
 진이 엄마는 잠이 덜 깬 눈으로 방문을 열어 밖을 내다보았다. 동쪽 하늘이 붉게 물들어 가는 건 해가 뜨기 전이라 당연한 일이었지만 웬일로 북쪽 하늘이 붉게 보였다. 쿵쿵거리는 소리는 북쪽에서 들려오고 있었다. 대포 소리였다.
 북한 인민군이 탱크를 비롯한 최신 무기를 앞세우고 대규모 병력을 동원해 국군을 공격해 온 것이다. 국군도 물러서지 않고 맞섰으나 일찌감치

전쟁을 준비해 온 인민군을 막기에는 역부족이었다. 국군은 수많은 희생을 치르면서 후퇴했다.

 이런 사실을 알 리 없는 진이네 가족은 피란을 가야 할지 말아야 할지 망설이고 있었다. 라디오에서는 국군이 인민군을 막아 내고 있으니 아무 걱정하지 말라는 이승만 대통령의 목소리가 흘러나왔지만, 대포 소리는 점점 가까워졌다.

 "대전에 있는 형님네로 우선 피란을 갑시다. 전쟁은 며칠 안에 끝날 테니 그때까지 애들 데리고 피해 있는 게 좋겠어요."

 "우리가 집을 비운 동안 도둑이 들어서 쌀이고 뭐고 다 훔쳐 갈 텐데, 그럼 앞으로 어떻게 살아요?"

 한동안 옥신각신하던 진이네는 결국 피란 짐을 싸기로 했다. 새 옷을 꺼내 아이들에게 두세 벌씩 겹쳐 입히고 이불 두 채와 간단한 살림살이를

1950년 6월 25일
북한군 38도선을 넘어 기습 공격

6월 28일
국군의 서울 철수, 한강 철교 폭파

6월 28일
북한군 서울 도착

7월 15일
일본 도쿄에 유엔군 사령부 설치

9월 15일
국군과 유엔군, 인천 상륙 작전 실시

꾸려 봇짐을 만들었다. 가져갈 쌀을 챙기고 나머지는 항아리에 다시 넣어 땅속에 묻었다. 다른 사람들 눈에 띄지 말라고 지푸라기도 땅 위에 뿌려 두었다. 새 옷을 입은 아이들은 영문도 모른 채 좋아하며 마당을 뛰어다녔다.

집을 나서며 진이 엄마는 자꾸만 뒤를 돌아보았다. 다 쓰러져 가는 판잣집이었지만 온 가족이 알콩달콩 살던 곳이었다. 며칠 뒤에 전쟁이 끝나면 돌아오게 될 거라고 생각했지만 웬일인지 자꾸 눈물이 흘렀다.

진이네는 피란민으로 가득 찬 열차에 겨우 매달려 서울을 떠날 수 있었다. 진이네가 서울을 떠나고 얼마 뒤 국군은 한강에 하나뿐인 다리를 폭파했다. 그리고 곧 서울이 북한 인민군 손에 들어갔다. 전쟁이 시작된 지 사흘째 되는 날이었다.

전쟁이 시작되기 전만 해도 언제든지 북한과 싸워 통일을 이루겠다고 큰소리쳤던 이승만 정부는 서둘러 서울을 빠져나가 대전으로 임시 수도를 옮겼다가 다시 부산으로 옮겨 갔다.

위기에 빠진 이승만 정부는 미국에 도움을 요청했다. 미국은 전쟁이 시작된 지 이틀 만인 6월 27일부터 전쟁에 참가했다. 처음에는 공군 부대가 투입되었고, 곧이어 대규모 육군이 도착했다. 미국은 국제 연합(UN)에 가입한 국가들에게 북한과 싸울 군대를 편성하자고 제안했다. 이 제안에 15개국이 군대를 보냈다. 이렇게 하여 유엔군이 편성되었다. 이승만 정부는 우리 군대의 작전 통제권을 유엔 사령부에 넘겨주었다.

국군과 유엔군이 막았는데도, 인민군은 빠른 속도로 남쪽을 향해 진격했다. 전쟁이 시작된 지 채 두 달도

한국 전쟁 전개 과정
4개월이라는 짧은 기간 동안 서울의 주인이 세 번 바뀔 정도로 치열한 전투가 이어졌고, 수많은 군인과 민간인이 목숨을 잃었다.

9월 28일
국군과 유엔군, 서울을 되찾아 중앙청에 태극기 게양

10월 1일
국군과 유엔군, 38도선 이북의 북한 영역으로 진출

10월 25일
중국군, 북한을 도와 전쟁에 참가

12월 5일
국군과 유엔군, 평양 철수

1951년 3월 5일
국군과 유엔군, 서울을 다시 찾음

8월 10일 목요일 맑음

어머니, 나는 사람을 죽였습니다.
그것도 돌담 하나를 사이에 두고, 10여 명은 될 것입니다.
나는 4명의 특공 대원과 함께 수류탄이라는 무서운 폭발 무기를 던져 일순간에 죽이고 말았습니다.
다리가 떨어져 나가고, 팔이 떨어져 나갔습니다.
너무나 가혹한 죽음이었습니다.
아무리 적이지만 그들도 사람이라 생각하니,
더욱이 같은 언어와 피를 나눈 동족이라 생각하니
가슴이 답답하고 무겁습니다.

어머니 어쩌면 오늘 죽을지도 모릅니다.
상추쌈이 먹고 싶습니다.
찬 옹달샘에서 이가 시리도록 차가운 냉수를 한입이 들이켜고 싶습니다.

악! 놈들이 다가오고 있습니다.
다시 또 쓰겠습니다.
어머니 안녕! 안녕!
아, 안녕은 아닙니다. 다시 쓸 테니까요, …… 그럼.

되지 않아 인민군은 대구와 부산을 중심으로 한 한반도 동남쪽을 뺀 나머지 지역을 모두 차지했다.

국군과 유엔군은 낙동강을 사이에 두고 치열하게 싸웠다. 특히 대구와 포항 부근에서는 인민군과 국군 사이에 날마다 치열한 전투가 벌어졌다. 공군이 압도적으로 우세했던 미군은 인민군에게 엄청난 폭탄을 퍼부었다. 인민군은 서둘러 전쟁을 끝내기 위해 최대한 많은 군인을 전투에 내세웠다.

국군 편이든 인민군 편이든 수많은 젊은이가 목숨을 잃었고, 부상을 입었다. 평생을 고통 속에 살게 된 이도 헤아릴 수 없이 많았다. 이들 중에는 겨우 중학생밖에 되지 않은 청소년도 많았다. 포항에서 인민군과 싸우면서 그리운 어머니에게 편지를 남긴 소년 병사 이우근도 그중 하나였다. 이우근은 결국 목숨을 잃었고, 끝내 부치지 못한 이우근의 편지는 그의 호주머니 속에 들어 있었다.

승리자 없는 전쟁

진이네는 온갖 고생 끝에 대전 큰아버지 집으로 갔지만 곧 대전까지 인민군 손에 넘어가게 되었다. 이번에는 큰아버지 가족과 함께 피란 짐을 싸서 부산으로 가기로 했다.

열아홉 살이 된 진이의 사촌 오빠는 나라를 지킨다며 스스로 군인이 되었다. 큰아버지와 진이 아버지는 군대에 갈 나이가 지났지만, 나이를 가리지 않고 입대시킨다는 소문 때문에 아버지가 잠시라도 안 보이면 크게 걱정을 했다. 큰아버지와 아버지까지 군대에 들어가 버리면 앞으로 살아갈 길이 막막했기 때문이다.

진이 아버지와 큰아버지는 부산에서 만나자며 따로 길을 떠났다. 부산에는 배가 지나갈 때마다 하늘로 번쩍 들리는 신기한 영도 다리가 있다고 했다. 가족들은 영도 다리 앞에서 만나기로 약속을 하고 서로 헤어졌다. 그래서 여자들과 아이들만 부산을 향한 힘든 피란길에 올랐다.

부산에 도착한 진이네는 아버지와 만나기로 한 영도 다리 근처에서 몇 달을 서성였다. 사람이 너무 많아 아버지를 만나지 못할까 봐 잠시도 한눈을 팔지 않고 주변을 두리번거렸다. 몇 달 뒤 국군이 서울을 되찾아 고향 집으로 돌아간 사람들도 있지만 아버지와 큰아버지를 만나지 못한 진이네 가족은 부산을 떠날 수가 없었다.

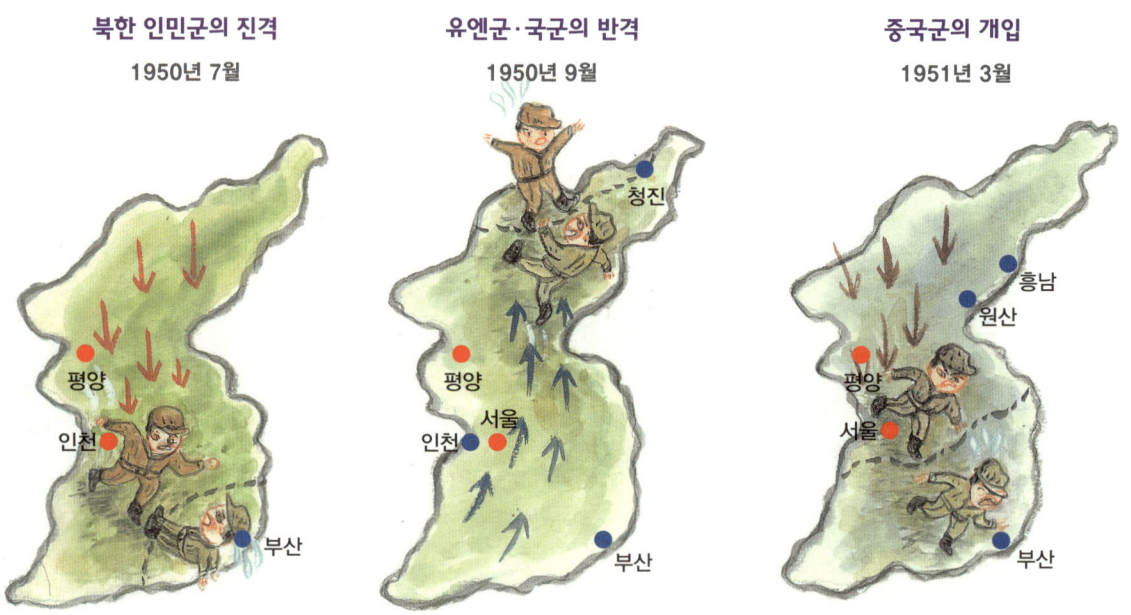

그해 가을, 국군과 인민군의 처지는 두 번이나 크게 뒤바뀌었다. 9월에는 미군을 중심으로 한 대규모 유엔군이 인천에 상륙했다. 서울을 인민군의 손에서 되찾은 뒤, 이남에서 싸우는 인민군에게 물자를 공급하지 못하게 하려는 대담한 작전이었다.

유엔군이 한반도 중부를 차지하자, 낙동강 부근에서 힘겹게 싸우던 인민군은 순식간에 흩어졌다. 수많은 인민군이 어지럽게 흩어져 38도선 이북으로 후퇴했고, 국군은 빠른 속도로 인민군을 뒤쫓았다.

10월 초 국군은 38도선 북쪽으로 진격했다. 국군과 유엔군의 진격 속도는 전쟁 초기 인민군의 속도보다 빨랐다. 순식간에 평양을 차지하고, 곧이어 압록강 가까이까지 진격했다.

그러자 1950년 10월 13일, 중국 공산당이 전쟁에 참가하기로 결정했다.

정전 협정에 의한 군사 경계선(휴전선)

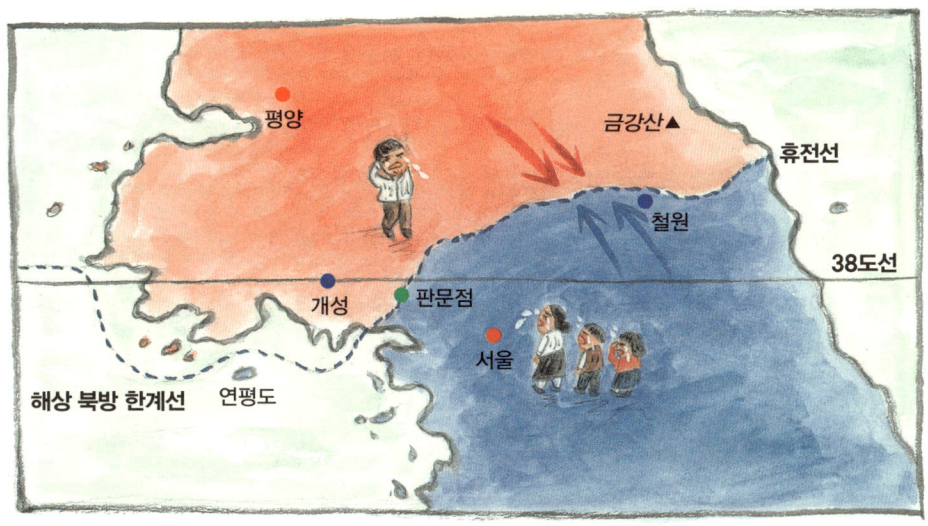

1 대한민국의 성립과 분단 · 45

그들은 북한 인민군을 돕는 것이 미국으로부터 자기 나라와 사회주의를 지키는 일이라 주장했다. 이제 전쟁은 남과 북의 전쟁에서 그치지 않고 미국을 중심으로 하는 자본주의 진영과 소련을 중심으로 하는 사회주의 진영이 맞붙은 국제적인 전쟁이 되었다.

10월 말부터 엄청난 수의 중국 군대가 전투에 참가했다. 겨울이 다가오면서 날씨까지 급격히 추워졌다. 여름옷을 입고 한국에 왔다가 빠르게 추워지는 한국 날씨에 적응하지 못한 외국 군인도 많았다.

국군과 유엔군은 엄청난 피해를 입으면서 후퇴에 후퇴를 거듭했다. 1951년 1월 4일에는 서울이 다시 인민군에게 넘어갔고, 3월에는 경기도와 강원도 대부분이 다시 인민군의 손에 넘어갔다.

국군과 유엔군은 더 많은 군대와 전쟁 물자를 투입해 다시 반격했다. 이 반격으로 38도선 부근까지 진격할 수 있었다.

그러나 북한과 중국군은 더 이상 물러서지 않았다. 결국 전쟁이 시작된 지 1년여 만에 맨 처음 자리로 돌아온 셈이 되었다.

1951년 6월 23일, 소련은 전쟁을 끝내기 위한 협상을 제안했다. 미국도 이를 받아들였다. 양쪽 모두 힘으로 상대를 굴복시킬 수 없다는 사실을 알게 되었고, 전쟁을 그만두기를 원했기 때문이다.

그러나 전쟁은 바로 끝나지 않고 2년을 더 끌었다. 전쟁 중에 잡힌 포로를 어떻게 처리할 것인가를 두고 양쪽이 서로 팽팽하게 맞섰기 때문이다. 정전 협상이 진행되는 2년 동안 38도선 부근에서는 치열한 전투가 계속되었고, 수많은 사람이 목숨을 잃었다.

1000일 동안 대한민국의 수도였던 부산

대한민국 동남쪽 끝 부분에 자리 잡은 부산은 지리적으로 일본과 가까운 곳에 위치하고 있었기 때문에 오랫동안 외교와 국제 무역을 담당해 왔고, 일제 강점기에는 큰 도시로 성장했다.

이러한 부산이 한국 전쟁 동안 대한민국의 수도였다. 3년에 가까운 시간 동안 대한민국의 정치·경제적 중심지였을 뿐 아니라 수많은 피란민의 삶터였던 부산은 피란민의 수만큼이나 많은 사연을 간직하고 있다.

한국 전쟁이 시작되고 4일 후부터 부산으로 밀려들기 시작한 피란민의 수는 100만 명이나 되었다. 갑자기 몰려든 사람들은 산비탈에 판잣집을 짓고 살았다. 수도와 전기도 없었으며, 물 두 동이로 며칠을 버텨야 하는 힘겨운 생활이었다.

하루하루 먹고살기도 힘든 생활 속에서도 배우려는 학생들과 가르치려는 교사들의 의지는 꺾이지 않았다. 교과서나 노트는 물론이고, 교실도 없이 천막을 치고 수업을 해야 했지만 배움은 곧 희망이었다. 이때 부산에는 서울대학교를 비롯해서 전국 각지에서 피란 온 대학들도 있었다.

임시 수도 부산의 천막촌

피란민들이 모여 살던 부산 좌천동의 판잣집

부산항 부근에서 물건을 파는 아이들
피란 시절에는 아이들도 생활 전선에 뛰어들어야 했다.

전쟁, 민주주의를 후퇴시키다

전선에서는 수많은 젊은 군인이 목숨을 걸고 싸우고, 후방에서는 국민이 전쟁으로 큰 어려움을 겪고 있는데, 임시 수도 부산에서는 대통령이 부당한 방법으로 정권을 연장할 궁리를 하고 있었다.

대한민국을 이끌던 대통령 이승만의 임기가 1952년 8월에 끝나기 때문에 그 전에 선거를 해야 했다. 당시 대통령은 국회에서 선출했는데, 많은 국회 의원이 이승만이 다시 대통령이 되는 것을 반대했다.

하지만 이승만은 무슨 수를 써서라도 대통령을 계속하려고 했다. 이승만은 자신의 지지자를 모아 자유당을 만들었다. 자유당을 앞세워 헌법을 바꾼 뒤 다시 대통령이 되려고 했다.

이승만은 헌법을 바꾸자고 국회에 제안했다.

"대통령을 국민이 직접 뽑도록 바꿉시다."

그러자 국회 의원들은 강하게 반대했다.

"대통령을 국회에서 선출하도록 한 지금 헌법에 잘못이 없어요."

"이 대통령이 아무리 훌륭해도, 한 사람을 위해 헌법을 바꾸는 일은 없어야 해요."

대다수 국회 의원은 이승만의 잘못을 지적했지만, 이승만은 물러나지 않았다. 이승만은 경찰과 깡패를 동원해 국회 의원을 협박했다. 그리고 북한의 지령을 받은 간첩으로 의심된다며 일부 국회 의원을 감옥에 가둬 버렸다. 임기가 끝나 가던 1952년 5월에는 이승만의 지시를 받은 군인들이 국회 의원이 타고 국회로 출근하던 통근 버스를 통째로 군부대로 잡아가

자유당 창당
1951년 12월, 이승만은 부산에서 정치적 기반을 마련하기 위해 자유당을 만들었다.

강제 연행되는 국회 의원들
1952년 5월 26일, 이승만은 국회 의원을 태운 통근 버스를 강제로 헌병대로 연행했다.

버리기도 했다.

결국 헌법은 이승만의 뜻대로 고쳐졌고, 고친 헌법에 따라 치러진 선거에서 이승만은 다시 대통령이 되었다. 전쟁을 치르며 권력을 강화했던 이승만이 전쟁에 잘 대처하기 위해서는 자신을 중심으로 단결해야 한다는 구실을 내걸고 민주주의를 짓밟았던 것이다.

비슷한 일은 북한에서도 있었다. 1950년 가을, 국군과 유엔군이 빠른 속도로 공격하자 38도선 이북을 지키던 인민군은 급격히 무너졌다. 그러자 북한 지도부는 군대를 지휘하던 몇몇 사람에게 그 책임을 뒤집어씌워 쫓아내거나 감옥에 가둬 버렸다. 그 결과 자연스럽게 김일성에게 권력이 더 집중되었다.

전쟁은 끝나지 않았다

1951년부터 2년 동안 전쟁을 끝내기 위한 정전 협상이 계속되었다. 드디어 1953년 7월 27일, 2년을 끌던 협상이 끝났다. 남측은 미군 대표가, 북측은 인민군과 중국군 대표가 전쟁을 끝내는 정전 협정에 서명했다. 정전이란 전쟁을 끝낸다는 뜻인데, 협정문에는 먼저 전쟁을 중단한 뒤 평화 체제를 만들기 위한 대화를 시작하자는 내용이 들어 있었다.

이승만 정부는 전쟁을 계속해야 한다고 주장했다.

"이 기회를 놓치면 영원히 통일할 수 없습니다. 통일이 없는 한 평화도 없어요. 그러니 북한으로 쳐들어가 공산군을 완전히 없앨 때까지 싸워야 합니다."

그래서 정전 협정에도 서명하지 않았다.

정전 협정에 서명하는 북한군·중국군·유엔군 대표와 정전 협정 조인서
정전 협정 문서에 국군이나 우리 정부 대표의 서명은 없다. 정전 협정에 찬성하지 않았던 이승만이 끝까지 서명하지 않았다.

"지금 중국군과 인민군을 모두 물리치는 것은 불가능해요. 남한의 국군만으로 전쟁을 계속할 수도 없어요."

이승만 정부는 미국의 설득을 받아들였다. 그래서 정전 협정에 서명하지는 않았지만, 전쟁을 더 이상 계속하지도 않았다.

북한과 중국 등 공산 진영도 전쟁을 끝내는 데 찬성했다. 미국과 같은 편이 된 남한을 힘으로 굴복시키는 게 불가능하다는 점을 분명히 알았기 때문이다.

3년 동안 모든 힘을 전쟁에 쏟아부으면서 전쟁의 피해는 헤아릴 수 없이 커졌다. 남북 양쪽을 합치면, 세상을 떠난 이들과 전쟁 통에 다친 이들이 수백만 명에 이르렀다.

헤어진 가족을 애타게 찾아다니는 사람도 많았다. 전쟁으로 부모 모두를 잃고 고아가 되어 버린 안타까운 아이들이 전국의 수많은 고아원을

휴전선
1953년 7월 27일, 정전 협정이 맺어졌고 마지막까지 싸우던 곳에 휴전선이 놓였다.
휴전선은 지금도 넘을 수 없는 남북한의 경계로 남아 있다.

한국 전쟁 때 민간인 피해
남한과 북한을 합쳐 한국 전쟁으로 인해 죽거나 다친 사람이 전체 인구의 7분의 1에 이르렀다.

메웠다. 애써 일군 산업 시설과 재산이 송두리째 파괴되었다. 전쟁을 계속하려면 더 많은 것을 잃어야 했다. 그래서 사람들은 전쟁이 끝나길 진심으로 바랐다.

정전 협정이 발표되고 전쟁이 끝났다는 소식이 전해지자, 사람들은 크게 환영했다. 가족 중 한 사람이라도 군대에 가 있는 집은 뛸 듯이 기뻐했다. 죽었다고 생각했던 가족이 살아서 돌아온다는 희망이 생겼기 때문이다.

"엄마, 이제 우리 아빠도 돌아오시는 거지?"

서울 판잣집으로 돌아온 진이가 엄마에게 물었다. 영도 다리 앞에서 만나기로 약속한 아버지는 끝내 부산으로 오시지 않았다. 영도 다리 부근에는 점치는 집이 많았는데, 그중 한 점쟁이에게 물었더니 아버지는 서울

집에 이미 가 있으니 걱정 말라고 했다. 믿기지 않는 말이었지만 지푸라기라도 잡는 심정으로 진이네는 서울 집으로 돌아왔다. 하지만 전쟁이 다 끝났어도 아버지는 돌아오지 않았다. 대전에서 인민군에게 잡혀 북으로 끌려갔다는 소문도 있고, 국군이 되어 인민군과 싸우는 걸 보았다는 사람도 있었다. 사촌 오빠처럼 한쪽 다리가 없어져도 좋고, 한쪽 팔이 없어져도 좋으니 살아서만 만나기를 간절히 빌었다.

전쟁고아
1951년 제주도의 한 고아원에 있는 아이들 모습이다. 많은 어린이가 전쟁통에 부모 형제를 잃고 고아가 되었다.

피란길에 부모를 잃어버려 고아가 된 아이도 많았고, 남자들이 모두 전사하는 바람에 여자와 아이들만 남은 집도 있었다. 어떤 이들은 후퇴하는 인민군과 함께 북으로 가 버렸고, 또 어떤 이들은 북에서 내려와 남쪽에 새로운 삶의 터전을 마련했다.

정전 협정은 전쟁을 끝내고 평화를 가져오겠다는 약속이었지만, 헤어지고 흩어진 가족을 다시는 만날 수 없게 만드는 약속이기도 했다. 대화를 통해 평화적인 통일을 이룩하지 못하는 한 전쟁은 여전히 이어지는 셈이니 고통은 아직도 끝나지 않았다.

대한민국과 북한, 다른 길을 걷다

아쉬움을 남긴 제네바 회담

1954년 4월 26일부터 스위스 제네바에서 중요한 국제회의가 열렸다. 한국과 북한이 참가했고, 미국과 중국을 비롯해 한국 전쟁에 참가한 나라 대부분이 대표를 보냈다.

"전쟁은 끝났습니다. 그러나 한국에서 언제 또 전쟁이 일어날지 모릅니다. 그저 잠시 전쟁을 중단한 상태이니까요."

"그렇습니다. 전쟁이 다시 일어나지 않도록 하려면 뭔가 새로운 약속이 필요해요."

회의에 참가한 나라들은 한국에서 전쟁이 또 일어나면 안 된다는 점에 모두 동의했다. 그러나 전쟁 재발 방지를 위해 무엇을 할 것인지 의견을 모으기는 무척 힘들었다.

"전쟁을 시작한 쪽은 북측입니다. 따라서 북측이 먼저 사과하고 피해를 보상해야 합니다."

제네바 회담
한국과 유엔군 측 15개 나라, 소련·중국·북한이 참가했다. 19개 나라가 여러 달 동안 한반도의 평화 통일을 의논하기 위해 토론했으나 평화 통일을 이끌 수 있는 합의를 이루지 못했다.

"그렇지 않습니다. 남측이 전쟁을 일으켰고, 전쟁으로 북측이 훨씬 더 큰 피해를 입었습니다."

남측과 북측이 내놓은 주장은 완전히 달랐다.

"자, 됐습니다. 지난 이야기는 접고 앞으로 할 일에 대해서만 이야기합시다."

"맞습니다. 원래 한 나라였다가 남북으로 나뉘었기 때문에 전쟁이 난 것 아닙니까? 양쪽이 합의할 수 있는 통일 방안이 나와야 참된 평화를 이룩할 수 있을 겁니다."

전쟁이 일어난 원인에서 시작된 이야기는 점차 한국의 통일 방안을 찾는 쪽으로 옮겨 갔다. 하지만 통일 방안을 찾고, 합의하기란 정말 어렵기만 했다.

결국 남북 전체를 아우르는 총선거를 실시한 뒤 국회를 구성하고 통일 정부를 만들자는 데는 모두 동의했다. 그러나 언제 어떻게 선거를 치를 것인지에 대해서는 의견이 완전히 달랐고, 차이가 좁혀지지 않았다.

남측에서는 유엔이 선거를 감시해야 한다고 주장했다. 북측은 유엔이 이미 남측 편을 들어 전쟁에 참가했는데, 중립적으로 선거를 관리할 수 있겠냐며 반대했다.

4월에 시작한 회의는 6월 중순까지 이어졌다. 하지만 시간이 지나도 남측이든 북측이든 처음 주장을 굽히지 않았다. 한반도에서 완전히 전쟁을 없애자며 모였던 19개 나라 대표는 하나둘 회의장을 떠났고, 6월 15일에는 회의도 끝났다.

남북한이 직접 대화를 나누고, 한반도와 인연을 맺었던 여러 나라가 참가해 통일 문제를 의논한 처음이자 마지막 회의는 이렇게 소득 없이 끝나고 말았다.

독재의 길로 들어선 이승만 정부

이승만 정부는 북한은 협상 상대가 아니라고 생각했다. 북한은 자유와 민주주의를 부정하는 공산 독재 국가이며, 자유와 민주주의를 지키기 위해서는 북한과 싸워야 한다고 주장했다. 북한은 소련의 꼭두각시라며 '북괴'라 부르기도 했다. 그리고 제네바에서 열린 국제회의에도 매우 소극적으로 참여했다.

그러나 자유와 민주주의를 내세운 이승만은 스스로 독재의 길로 접어들었다. 이승만은 대통령 임기가 끝나 가던 1952년에 한 번 더 대통령을 하려고 온갖 옳지 않은 방법을 동원해 헌법을 바꿨다. 전쟁을 치르던 중이었다. 그런데 1954년에도 다시 헌법을 바꾸려고 했다. 1956년에 대통령의 임기가 끝날 예정이었다. 당시 헌법에는 대통령 임기가 4년이고 두 번까지만 할 수 있었기 때문이다. 그러나 이승만과 그가 속한 자유당은 헌법을 다시 고치겠다고 나섰다.

"공산 집단과 싸우기 위해서는 지도자를 잘 모셔야 해."

자유당은 이승만만큼 공산주의와 잘 싸울 수 있는 사람은 없다고 주장했다. 그리고 '나라를 세운 첫 번째 대통령은 원할 때까지 계속 대통령을 할 수 있도록 헌법을 바꾸자.'고 주장했다.

1952년에도 많은 국민은 이승만과 자유당이 헌법을 바꾸는 데 반대했다. 그러면서 이렇게 생각했다.

"그래도 1956년에는 물러나겠지?"

"평생을 독립운동에 헌신한 분이니까, 이번 한 번만은 참아 주자."

그런데 이번에는 달랐다. 오직 이승만에 한해서, 죽을 때까지 대통령이 될 수 있도록 하자는 조항을 받아들이기 어려웠기 때문이다.

이승만은 군대와 경찰, 깡패를 동원해 헌법 개정을 밀어붙였다. 결국 법은 다시 고쳐졌다. 이승만을 위해 바꿨던 헌법을 또 이승만을 위해 바꾼 꼴이었다.

민주 국가에서 나라의 주인은 국민이고 모든 권력은 국민에게서 나와야 한다. 그러나 이승만과 자유당은 권력을 유지하기 위해 국민을 무시하고 국민의 뜻을 짓밟았다. 대한민국의 민주주의는 점차 수렁으로 빠져들고 있었다.

민주주의를 향한 국민의 열망

1956년, 세 번째 대통령을 뽑는 선거가 있었다. 자유당에서는 이승만을 대통령 후보로, 이기붕을 부통령 후보로 내세웠다. 자유당은 당연히 이승만이 이길 것이라고 자신했다. 그러나 많은 국민은 선거에서 이승만에 반대하는 뜻을 표현하려고 했다.

선거가 다가오자 자유당을 반대하는 정치인들이 모여 민주당을 만들었다. 민주당은 독립을 위해 일생 동안 싸웠던 신익희를 대통령 후보로, 장면을 부통령 후보로 내세웠다. 민주당의 선거 벽보는 정권을 교체하자는 절절한 호소를 담았다.

"못 살겠으니 갈아 보자!"

해방된 지 10년, 전쟁이 끝난 지도 3년이 지났는데 삶은 여전히 힘들었다. 게다가 이승만이 두 번이나 옳지 않은 방법으로 헌법을 바꾸지 않았는가.

"못 살겠다, 갈아 보자!"

"대통령은 신익희, 부통령은 장면!"

민주당 후보가 연설하는 곳에는 사람들이 구름같이 모여들었다.

그런데 이승만과 신익희 말고도 많은 국민이 지지했던 대통령 후보가 한 명 더 있었다. 1952년에 있었던 두 번째 대통령 선거에 대통령 후보로 출마했던 조봉암이었다.

"전쟁이 없어져야 합니다. 남북이 대화하고 평화적으로 통일할 수 있어야 우리 모두가 살고 민주주의도 이룰 수 있습니다."

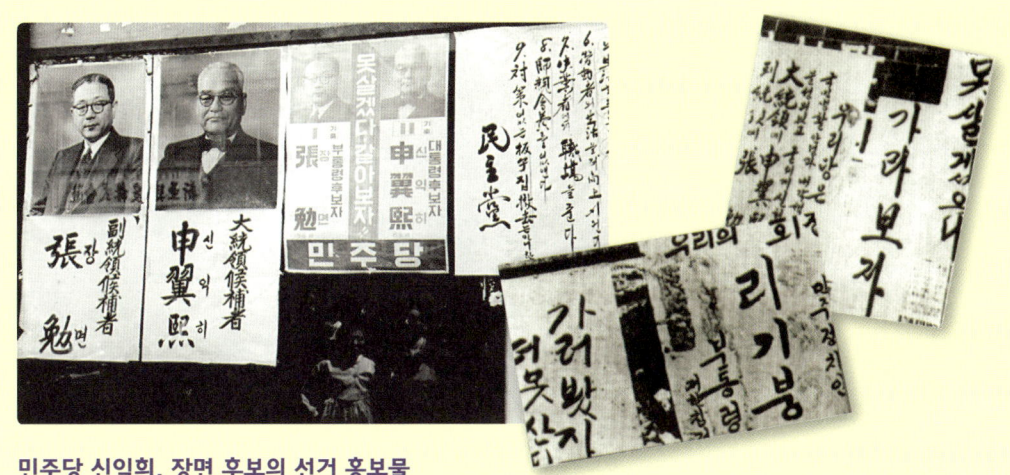

민주당 신익희, 장면 후보의 선거 홍보물
1956년 선거에서는 이승만과 자유당 정권을 교체하자는 취지의 '못 살겠다, 갈아 보자!'라는 구호의 호소력이 매우 컸다. 자유당은 '갈아 봤자 더 못 산다!'며 이에 맞섰다.

    조봉암은 자신이 대통령이 되면 북한과 협상해 분단된 조국을 평화적으로 통일하겠다고 약속했다. 또한 전쟁으로 생활이 어려워진 사람들을 돕는 데 최선을 다하겠다는 약속도 내놓았다. 북한과 협상하자는 조봉암을 위험인물로 생각하는 사람들도 있었지만 더 많은 사람이 조봉암을 지지했다.

    선거가 점점 가까워지자, 반드시 이길 것이라 생각했던 자유당은 심각한 걱정에 빠졌다. "갈아 봤자 더 못 산다!"라고 쓴 벽보를 수없이 붙이고 신익희와 조봉암의 선거 운동을 방해했다. 조봉암은 경찰과 깡패들의 방해 때문에 벽보를 붙이기도, 연설회를 열기도 어려웠고, 선거 막바지에는 숨어서 지내야 할 정도로 위협을 받았다. 그럼에도 불구하고 자유당의 이승만이 승리하리란 보장이 없었다.

1956년 5월 15일, 마침내 선거가 치러졌다. 선거 직전 민주당 후보였던 신익희가 갑작스럽게 세상을 떠났는데도 불구하고, 이승만은 아주 힘들게 대통령에 당선되었다. 경상도와 전라도에서 조봉암이 이승만을 앞질렀고, 서울에서는 세상을 떠난 신익희를 추모하는 무효표가 이승만 지지표보다 많았다.

만약의 경우 대통령 역할을 대신할 부통령에는 민주당 후보 장면이 당선되었다. 자유당 후보는 이승만의 후계자라며 지지를 호소했으나, 국민들은 오히려 자유당 후보이기 때문에 반대쪽 민주당의 장면을 선택했다. 민주주의를 향한 국민의 열망이 얼마나 뜨거운지 분명히 드러난 것이다.

조봉암과 진보당

1956년 선거는 조봉암에게 큰 용기를 주었다. 얼마나 많은 국민이 평화를 바라는지 새삼 느꼈다. 자유당이든 민주당이든 전쟁으로 피해를 입은 대중을 잘 배려하지 못했다는 점도 분명히 느꼈다.

"새로운 정당을 만듭시다."

선거가 끝난 뒤 조봉암은 지지자들에게 제안했다.

"그렇습니다. 뜻을 같이하는 동지를 더 많이 모읍시다."

"다음 국회 의원 선거 때는 새 정당 이름으로 출마합시다. 우리가 만든 당에서 많은 국회 의원을 낼 수 있다면, 우리의 주장을 실현할 수도 있을 것입니다."

조봉암은 새 정당 이름을 진보당으로 정한 뒤, 서울에서 창립 대회를 열었다. 많은 사람이 조봉암의 새 정당에 관심을 보였다. 진보당 당원으로 참여하는 이도 적지 않았다.

그러나 조봉암의 노력은 열매를 맺지 못했다. 진보당이 행사를 열 때마다 깡패들이 몰려들었다. 이들은 집회를 방해하는 데 그치지 않고 참석한 사람들을 마구잡이로 두들겨 팼다. 행사장이 파괴되고 사람이 다치는 장면을 경찰은 멀리서 물끄러미 지켜볼 뿐이었다.

자유당과 이승만 정부는 국민의 지지가 조봉암에게 쏠릴까 두려웠다. 그래서 조봉암의 진보당 활동을 방해하고 조봉암의 목숨까지 빼앗으려 했다.

"조봉암은 북괴가 보낸 간첩의 지시를 받았다."

"조봉암이 평화 통일을 하자는 주장은 김일성의 뜻과 같다. 김일성의 지시를 받아 활동한 것이다."

경찰은 엉터리 주장을 마구 내세우고 조봉암과 진보당 사람 여럿을 잡아 가두었다.

첫 재판은 구속된 지 여섯 달 만에 끝났다. 검사들은 북한 지시에 따라

움직인 조봉암을 죽여야 한다고 주장했다. 그러나 법원은 검사의 주장을 전혀 인정하지 않았다. 증거가 없었기 때문이다. 진보당 간부들도 모두 무죄 판결을 받고 풀려났고, 조봉암 역시 큰 잘못이 없다는 판결이 나왔다.

그러자 자유당과 이승만 정부는 법원의 판결에 강하게 반발했다. 수백 명의 깡패가 법원으로 몰려가 '판사가 공산주의자'라며 난동을 부렸다.

이렇게 공포 분위기를 만든 뒤 재판을 다시 열었다. 새로 재판을 맡은 판사는 조봉암에게 사형을 선고했다. 이승만 정부는 판결을 구실로 삼아 곧바로 조봉암을 죽였다. 분단된 나라를 평화적으로 통일하자고 주장했다는 이유로 대통령 후보까지 지낸 조봉암은 결국 사형을 당했다.

조봉암의 재판
조봉암(가장 왼쪽)은 일제 강점기 때 독립운동에 참여했으며, 해방된 뒤 국회 의원에 선출되어 토지 개혁법을 만드는 데 앞장섰다. 두 차례 대통령 선거에 야당 후보로 출마했으나 이승만 정권에 의해 죽임을 당했다.

멀어지는 남과 북

전쟁이 끝난 뒤 북한은 미제의 침략에 맞서 나라의 절반을 지켰다고 주장했다. 미제는 '다른 나라를 침략하는 제국주의 국가인 미국'이란 뜻이다.

"철천지원수(하늘에 사무치도록 한이 맺히게 한 원수) 미제에 복수하자!"

"미제와 남조선의 침략을 막아 내자!"

전쟁을 치르는 중에도 북한은 수시로 큰 집회를 열었다. 전쟁이 끝난 뒤에도 마찬가지였다. 남쪽 정부가 공산주의에 반대한다는 '반공(反共)'을 내세워 통치했듯이, 북한 정부는 미국에 반대한다는 '반미(反美)'를 내세워 통치했다.

김일성과 박헌영
김일성(왼쪽)과 박헌영(오른쪽)은 해방 직후 38도선 이북과 이남의 사회주의 세력을 대표한 인물로, 1948년 북한 정권 수립 이후 수상과 부수상 역할을 맡았다.

북한의 통치자는 김일성이었다. 그는 수상이란 자리에 있으면서 정부를 대표했다. 그러나 전쟁이 막 끝났을 때만 해도 김일성과 경쟁할 만한 사람이 여럿 있었다. 북한 정부에는 나라 안팎에서 활동하던 사회주의자들이 두루 참여했기 때문이다.

그러나 전쟁이 끝날 무렵, 김일성은 부수상이던 박헌영을 체포했다. 박헌영과 함께 38도선 이남에서 활동하다가 북한 정부 수립에 참가한 인물의 대부분도 마찬가지였다.

체포된 이들은 가혹한 조사를 받고 거의 살아서 감옥을 나오지 못했다. 그들에게 붙여진 죄목은 미국의 간첩이었다. 이들 때문에 전쟁에서 뜻을 이루지 못했다는 것이었다.

남한에서 조봉암이 죽임을 당하던 1958년에도 비슷한 일이 있었다.

북한 정권의 주요 인사 몇몇이 경제 정책에 대해 북한 정부와 다른 의견을 내놓았다.

"모든 인민이 수상 동지 입만 쳐다봅니다."

"당과 정부를 중심으로 단결하기보다 수상 동지 개인을 숭배하는 일도 있습니다."

북한에서 민주주의가 무너진다고 주장한 것이다. 이들은 김일성은 물러나야 한다는 주장까지 내놓았다. 북한 정부는 여러 가지 죄목을 붙여 이들을 제거했다. 김일성과 북한 정부 정책에 반대하는 지도자는 더 이상 남아 있지 않았다.

교련과 반공 교재
한국 전쟁 이후 남한에서는 반공 교육이 강화되었다. 학생들에게 군사 훈련을 실시하는 교련이 고등학교의 필수 과목으로 지정되었다.

북한 사회에서는 '미국 반대=반미'를 중시하고 남쪽에서는 '공산주의 반대=반공'을 중시하면서 남북 모두 상대편을 이해하고 대화하자는 주장이 나오기 어려워졌다. 남쪽에서는 수많은 반공 단체가 만들어졌다. 공산주의를 반대한다는 반공보다 더 나아가 아예 그와 비슷한 생각은 씨를 말려야 한다는 뜻의 '멸공'이란 단어도 유행했다.

이승만 정부는 학생들을 군대식으로 편성하고, 북한을 반대하는 시위와 집회에 자주 동원했다. 학생들은 날마다 〈우리의 맹세〉를 암송하며 하루를 시작했다.

"우리는 대한민국의 아들딸, 죽음으로써 나라를 지킨다."

"공산 침략자를 물리치고 백두산 꼭대기에 태극기 휘날리자."

남학생 여학생 할 것 없이 군사 훈련도 받았다. 북한도 마찬가지였다.

고달픈 삶 속에도 희망은 있다

"학교 다녀왔습니다!"

언덕길을 한달음에 달려온 진이는 가쁜 숨을 내쉬며 가방을 벗어 마루에 던져 놓았다. 집에 아무도 없는 걸 알면서도 부엌문도 열어 보고 여기저기 기웃거렸다.

엄마는 매일 새벽에 보따리를 머리에 이고 장사하러 나갔다. 전쟁 중에 헤어진 아빠를 끝내 만나지 못했기 때문에 엄마는 혼자 생계를 꾸려 나가야 했다.

진이는 집 안을 청소하고 저녁밥을 지어 놓고 엄마를 기다렸다. 고달픈 삶 속에서도 진이와 엄마는 오늘보다 내일이 좋아질 거라는 희망을 갖고 살았다.

"오늘 학교에서 다른 나라 이야기를 배웠어요. 미국이랑 캐나다는 땅이 엄청 넓어요. 우리나라보다 몇십 배가 크대요. 우리나라는 대통령이 나라를 다스리는데, 그런 게 민주주의래요."

"그래, 학교에서 공부 열심히 하거라. 너희라도 좋은 세상 살아야지. 훌륭한 사람이 되어서 미국도 가 보고 영국도 가 보고, 응?"

"훌륭한 사람이 되어서 엄마도 편하게 모시고, 아빠도 꼭 찾을 거예요."

학교는 아이들에게 읽고 쓰고 셈하는 법만을 가르치는 곳이 아니었다. 아이들은 학교에서 더 나은 자신의 미래를 그려 보고, 민주주의를 배우며 새로운 사회를 꿈꿨다.

아이들의 미래는 곧 부모의 미래였고, 그 미래를 위해 부모들은 오늘의 고생을 기꺼이 참았다. 희망은 고달픈 삶을 이겨 내는 많은 사람에게 정말 큰 힘이 되었다.

문화재를 찾아서

분단의 아픔이 품은 보석, DMZ

한반도의 허리를 가로지르는 휴전선은 여전히 남과 북을 나누는 국경 아닌 국경이다. 남과 북이 철조망을 사이에 두고 총부리를 겨누고 있을 것만 같은 휴전선. 하지만 남북의 충돌을 막기 위해 휴전선을 기준으로 남쪽으로 2킬로미터, 북쪽으로 2킬로미터, 모두 4킬로미터에 이르는 중간 지역이 존재한다. 한반도 중간에 폭 4킬로미터짜리 허리띠를 두른 것 같은 이 지역을 '비무장 지대(DMZ)'라고 부른다.

땅속에는 전쟁 때 묻어 두었던 수많은 지뢰가 아직도 있고, 땅 위에는 사람들의 통행을 가로막았던 철책이 둘러쳐져 있다. 오랫동안 사람의 발길이 닿지 않은 이곳은 매우 쓸쓸할 것 같지만 오히려 그렇지 않다. 한국 전쟁 이후 남과 북에서는 개발이라는 이름

희귀 동물이 서식하는 DMZ
DMZ는 사람의 손이 닿지 않아 동식물의 천국으로 남아 있다. 지뢰밭 주변은 두루미에게 세계 유일의 안식처이다.

DMZ의 야생화
강원도 양구군 중동부 전선 DMZ 근처에서 야생화가 녹슨 철조망 사이로 자태를 드러내고 있다.

으로 사람들이 자연을 훼손하고 유적지를 파헤쳤지만, DMZ는 이런 손길이 닿지 않아 동식물의 천국으로 남았다.

 하늘을 나는 흰꼬리수리, 숲 속을 누비는 사향노루와 산양, 습지에서 먹이를 잡는 두루미, 맑은 물속을 헤엄치는 수달, 그리고 이제는 옛날이야기에서나 만날 수 있는 구렁이 같은 멸종 동물들이 DMZ 근처에서 살고 있는 것이 확인되었다.

 아름다운 자연환경과 희귀한 동식물들의 천국, 역사적 가치가 높은 유적지까지 고스란히 보존되어 있는 DMZ는 분단의 아픔이 품은 보석이라 할 만하다. DMZ의 가치가 알려지면서 많은 사람이 이 지역에 관심을 보이고 있다.

 DMZ에는 일반인이 들어갈 수 없지만 그 근처의 민통선(민간인 통제 구역)에는 정부의 허락을 받고 들어갈 수 있다. 정부는 민통선 안쪽에 공원을 만들거나 테마 관광 코스를 만들어 사람들이 들어올 수 있도록 했다. 그동안 볼 수 없었던 DMZ 부근의 아름다운 자연을 만날 수 있다는 사실에는 가슴 설레지만, 사람들의 발길이 잦아지면서 DMZ와 민통선의 환경이 훼손되지 않을까 걱정하는 사람도 많다.

1960년

- **1960년** 4·19 혁명
- **1961년** 5·16 군사 정변
- **1962년** 제1차 경제 개발 5개년 계획 시작

1965년

- **1965년** 한·일 협정 조인
- **1966년** 베트남 전투병 파병
- **1969년** 3선 개헌

2

경제 개발과 민주화 운동

1970년
1970년 경부 고속 도로 완공, 전태일 분신
1972년 7·4 남북 공동 성명, 10월 유신
1974년 동아일보, 자유 언론 실천 선언

1975년
1976년 민주 인사들이 '민주 구국 선언' 발표
1979년 부·마 항쟁, 박정희 사망

이승만을 몰아낸 4·19 혁명

자유당과 부정 선거

1960년 3월 15일, 기정이 엄마는 아침부터 분주했다. 그저께 이장이 찾아와 투표장에 함께 가라고 정해 준 동네 아낙들과 약속한 시간이 다가왔기 때문이다. 몇 년 전에도 투표를 했지만, 그땐 얼떨결에 치러서 아무 기억이 없었다. 이번엔 이장이 몇 차례나 찾아와 고무신과 막걸리를 안겨 주고는, "이승만 박사만 한 사람이 없다. 그리고 그분을 따르는 이기붕 씨를 부통령에 앉혀야 나라가 편안하다."며 이야기를 늘어놓았다.

"기정아, 동생들 밥 챙겨 먹이고 설거지하고 나면 아궁이 솥에 물 채워 놓아라! 에구, 이런, 늦어 버렸네."

"엄마, 투표하러 아줌마들이랑 같이 가는 거예요?"

"그래. 이장님이 와서 그게 원칙이라고 하던데?"

"무슨 투표가 그래요? 다른 사람 눈 무서워서 자유당 찍어야겠네."

"입 다물어, 이것아. 그런 말 하면 못써. 고무신이며 막걸리며, 그 귀한

설탕까지 다 받았는데, 입 싹 닦을 수 있어?"

국민학교(오늘날의 초등학교) 5학년 기정이는 어른들이 하는 투표가 영 마뜩지 않았다. 비밀도 보장되지 않는데 마음먹은 대로 투표할 사람이 어디 있겠냔 말이다.

투표장에서는 사람들이 세 명, 다섯 명씩 짝지어 들어가기 위해 줄을 서 있었다. 이장님이 투표소 바로 옆에 서서 사람들에게 인사를 했다. 다른 네 명과 함께 투표를 한 기정이 엄마는 동네 어귀에 이르러서야 입을 열었다.

"우리 모두 자유당 찍었지?"
"어쩔 수 있어? 이장이 딱 지키고 서 있는데."

자유당의 선거 홍보물
1960년 3월 15일 선거에서 이승만을 내세운 자유당은 정권을 계속 유지하려고 온갖 부정을 저질렀다.

"난 종이에 붓두껍을 찍는데, 뒤통수가 자꾸 근질근질하더라고. 누가 보는 거 같아서."

"대구에선 불법 선거 운동 하지 말라고 고등학생들이 데모를 했다는데?"

"민주당 후보가 연설하는 곳에 고등학생들이 가지 못하게 하려고 일요일에 등교를 시켰다는구먼. 걔들도 얼마나 기가 찼겠어? 속이 뻔히 보이는 짓 아녀?"

"말이야 바른말이지, 이런 투표가 세상에 어딨어? 그동안 받아먹은 게 있어서 나도 할 말은 없지만."

그날 저녁, 투표가 끝나고 개표를 시작하자 더 기막힌 일이 벌어졌다. 투표가 끝난 뒤 차로 운반되던 투표함을 바꿔치기한 것이다. 아무것도 모른 채 개표를 진행하던 사람들은 투표한 사람 수보다 더 많은 투표용지가 나오자 당황했다. 모두 자유당을 찍은 투표용지였다.

개표를 참관하던 자유당원들이 우왕좌왕했다. 뭔가 착오가 있는 것 같다며 잠시 개표원들을 퇴장시키고 나서 투표함을 없애 버리는가 하면, 전기가 나갔다고 둘러대고는 어둠 속에서 투표함을 들고 나와 버리기도 했다. 다음 날 아침, 이곳저곳에서 불에 타다 만 투표함들이 발견되었다. 아이들은 반쯤 탄 종이를 골라내 귀한 종이를 주웠다며 엄마한테 자랑했다. 이승만의 집권을 연장하려는 자유당이 저지른 엄청난 부정 선거의 증거였다.

민주주의의 씨앗이 된 4·19 혁명

"아이고, 내 새끼!"

어머니는 바다에서 끌어올려진 아들의 시신을 보고는 혼절해 쓰러졌다. 선거가 있던 3월 15일에 시위에 나간 뒤로 한 달 동안 소식이 끊긴 아들을 찾아 마산 곳곳을 헤매던 어머니는 마산 앞바다에 시신 한 구가 떠올랐다는 소식에 확인하러 온 참이었다. 시신은 아들 주열이었고 그의 눈에는 경찰이 쏜 최루탄이 참혹하게 박혀 있었다.

바다에서 떠오른 김주열의 시신을 본 사람들의 분노가 하늘을 찔렀다. 시민들은 경찰서와 시청에 들이닥쳐 항의하고, 친구를 잃은 남녀 고등학생들이 거리로 쏟아져 나와 목이 터져라 고함을 질렀다.

"내 친구 주열이를 살려 내라!"

"부정 선거 다시 하고, 민주주의 바로잡자!"

그러나 3일 동안 이어진 시위는 총을 앞세운 무력 진압으로 끝났고,

정부는 마산의 시위를 공산당이 돕고 있다고 발표했다. 전쟁이 끝난 지 얼마 안 된 당시에 '공산당'이나 공산주의자를 뜻하는 '빨갱이'는 공포 그 자체였다. 정부는 경찰의 폭력 진압이 정당했다고 선전하기 위해 '빨갱이'라는 말이 가져오는 공포를 이용했다. 그런 정부의 태도는 오히려 시민들의 분노를 자극했다.

4월 18일, 고려대학교 학생 3000여 명이 교문 밖으로 쏟아져 나왔다. 학생들은 국회 의사당까지 행진하며 부정 선거와 마산 시위 진압에 항의했다.

"민주주의 살려 내자!"

"민주 역적 몰아내자!"

누군가의 사주를 받아 각목과 쇠망치를 휘두르는 깡패들에게 얻어맞은 학생들은 여기저기서 피를 흘리며 쓰러졌다. 다음 날 아침 신문에서 쓰러진 학생들의 모습을 본 사람들은 기가 막혔다. 누가 시킨 일인지 말하지 않아도 알 수 있었다.

4월 19일, 서울 시내 대학교, 고등학교, 중학교에서는 수많은 학생이 거리로 뛰쳐나왔다. 국회 의사당과 대통령이 살고 있는 경무대 앞을 빽빽이 메운 학생들은 목이 터져라 구호를 외쳤다.

"살인자 이승만은 물러나라!"

"민주 정치 실현하자!"

오후 1시 40분경, 경무대 앞에서 총성이 울렸다. 총에 맞은 학생들이 고꾸라졌다. 이를 신호탄으로 서울 곳곳에서 경찰이 쏜 총탄에 학생들이 피를 흘리며 쓰러졌다. 광주·부산·대전 등 전국 각지에서도 시위를 벌이던 사람들이 목숨을 잃었다. 전국에서 100명이 넘는 사람들이 죽고 700여 명이 다쳤다. 피의 화요일이었다.

학생과 시민들은 굴복하지 않았다. 다음 날에도, 또 다음 날에도 계속 거리로 쏟아져 나와 민주주의를 요구하며 시위를 벌였다. 사태가 심각해지자 이승만 정부를 지지하던 미국이 태도를 바꿔 시민들의 희생에 대해 유감의 뜻을 한국 정부에 전달했다. 하지만 정부는 여전히 시민들을 공산당의 조종을 받는 빨갱이로 몰았다.

학생 시위가 일어난 지 엿새 뒤인 4월 25일, 제자들의 용기 있는 행동에 뜻을 함께 하기 위해 교수들이 거리로 나섰다.

"마산과 서울을 비롯해 여러 곳에서 일어난 시위는 주권을 빼앗긴 국민의 울분을 대신해 궐기한 학생들의 순수한 정의감이 나타난 것이며 불의에는 언제나 항거하는 민족 정기의 표현이다. …… 3·15 선거는 부정 선거다. 공명 선거에 의해 정·부통령을 재선거하라."

교수들은 선언문을 읽은 뒤 거리 시위에 나섰다.

"학생들의 피에 보답하라!"

교수들 뒤로 수많은 학생과 시민이

대학교수들의 시위
4·19 혁명 당시 대학교수들이 "학생의 피에 보답하라."는 플래카드를 앞세우고 시위에 나선 모습이다.

따라나섰다.

"친구를 죽이지 마세요!"

"우리 부모 형제들에게 총부리를 겨누지 마세요!"

경찰이 쏜 총에 친구를 잃은 수송국민학교(오늘날의 수송초등학교) 학생들도 고사리손을 뻗으며 시위에 참여했다.

피의 화요일이 있은 지 꼭 일주일 만에 이승만은 시민들에게 무릎을 꿇었다. 대통령직에서 물러나겠다고 밝힌 것이다. 소식을 들은 사람들은 태극기를 흔들며 민주주의 만세를 외쳤다. 승리의 화요일이었다.

이틀 뒤, 이승만은 경무대에 있던 대통령 집무실에서 나와 옛집인 이화장으로 돌아갔다. 자유당의 시대가 끝난 것이다(4·19 혁명).

이승만이 물러나자, 이승만을 도와 민주주의를 짓밟던 이들도 자리에서

물러났다. 국회에서는 새 헌법을 마련하고 선거도 새로 치렀다. 사람들은 완전히 달라진 분위기에서 자신이 지지하는 후보에게 자유롭게 투표했다. 윤보선이 새 대통령으로, 장면이 새 총리로 뽑혔다. 이들을 중심으로 새 정부를 구성했다.

"이런 게 바로 민주주의구먼! 남의 눈치 보지 않고 내 뜻대로 투표하는 거 말이야."

도지사 선거를 마치고 나온 기정이 아버지는 얼굴 가득 웃음을 띠고 아내를 바라보았다.

"에그, 조용히 좀 하세요. 누가 들어요."

귀청 떨어질 듯 큰 목소리로 웃는 남편을 보고 기정이 어머니가 타박을 했다.

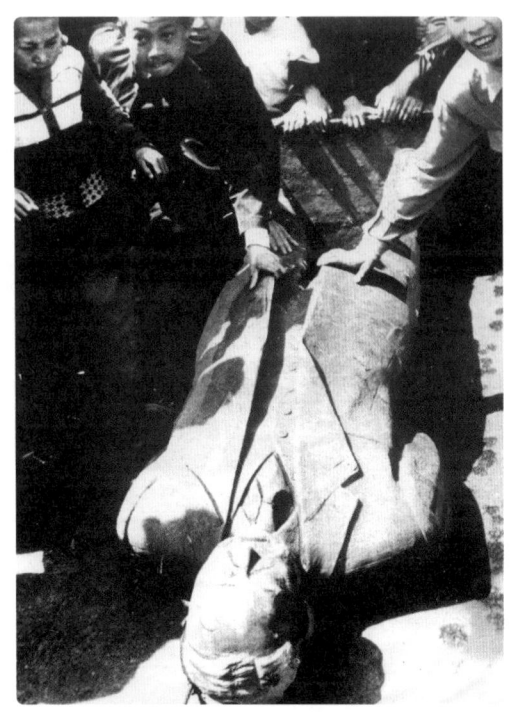

끌어내려진 이승만 동상
4·19 혁명을 일으킨 시민들은 독재 정치와 부정 선거에 항의하며 남산에 있던 이승만 동상을 끌어내렸다.

"누가 들으면 어때! 내 마음대로 내가 말도 못 하는가? 아직도 자유당 시절인 줄 알아? 지금은 그깟 고무신 짝 받고 벌벌 떨며 투표하던 자유당 시절이 아니라고."

"내 마음대로 찍고 나오니까 마음은 편하고 좋네요. 기수야, 너도 그러냐?"

어머니는 선거에 참여하러 고향에 오랜만에 내려온 대학생 기수를 보고 웃었다.

"네, 이런 자유를 되찾으려고 많은 사람이 싸운 것 아니겠어요? 저희 학교에서도 이번에 총학생회를 만들고, 학생 회장 선거를 했어요."

"그래? 학생들도 선거를 했다고? 옆집 임이네 말을 들으니 임이가 일하는 공장에서도 무슨 선거를 했다던데? 노동조합 조합장을 뽑았다던가 회장을 뽑았다던가……."

자유로운 공기와 민주주의의 열기는 온 나라 곳곳에 흘러넘쳤다. 학교, 공장뿐 아니라 농민들도 스스로 단체를 만들고 대표를 뽑았다. 새 정부에서는 국민의 뜻을 묻고 국회 의원의 토론을 거쳐 나라의 정책을 결정하기 위해 노력했다.

윤보선 대통령과 장면 총리
1960년, 윤보선 대통령(왼쪽)이 취임하며 제2공화국이 출범했다. 총리직을 맡은 장면(오른쪽)은 민주적 절차를 중시해 정책을 결정했고, 자유의 열기는 사회 각 분야에 퍼져 나갔다.

　전쟁 후 지독한 가난을 겪었던 국민들은 정부가 제일 먼저 해야 할 일로 경제 개발을 꼽았다. 전기 생산을 늘려 공업을 발전시키고, 기업을 세워 일자리를 만드는 사람을 지원해 줄 것을 요구했다.
　이승만과 자유당이 독재 정치를 할 때 억울하게 죽임을 당하거나 고통받았던 사람들은 진상을 밝히고 명예를 회복해 달라고 요구했다.
　전쟁으로 완전히 등을 돌렸던 북한과 교류하고 통일을 위해 협력하자는 의견도 조심스럽게 나왔다. 발전소가 많은 북한에서 전기를 생산해 남한으로 보내고, 남한의 쌀을 북한에 보낸다면 서로에게 도움이 될 터였다.

화해와 협력으로 평화를 이뤄, 전쟁이 다시 일어나지 않도록 하자는 주장도 나왔다. 분단과 전쟁을 치르며 하루아침에 가족을 잃어버린 이산가족들은 이런 이야기를 들을 때마다 가슴이 뛰었다.

자유당이 정권을 잡았을 때는 '북한'이란 말은 감히 입 밖에 낼 수조차 없었다. 잘못했다가는 북한을 지지하는 '빨갱이'로 몰려 처벌받을 수 있었기 때문이다.

하지만 새 정부가 들어서자 그동안 억눌렸던 국민들의 요구와 외침이 여기저기서 터져 나왔다. 그러나 이것은 혼란이 아니라 민주주의로 가는 과정이었다. 4·19 혁명으로 뿌려진 민주주의의 씨앗들이 방방곡곡에서 조금씩 푸르게 자라나고 있었다.

5·16 쿠데타로 짓밟힌 민주주의의 싹

1961년 5월 16일 새벽, 해병 제2중대가 한강 대교에 나타났다.

"누구냐?"

다리를 지키던 헌병 제7중대 부대원들은 갑자기 나타난 해병대를 향해 소리쳤다. 이들은 새벽에 군부대가 이동한다는 연락을 전혀 받지 못했다.

"탕, 타타타탕."

해병대는 대답 대신 총탄을 퍼부었다. 박정희가 지휘하는 3000명이 넘는 군인은 완전 무장을 하고 서울로 들어왔고, 이들을 막으려던 헌병들은 총격전 끝에 목숨을 잃었다. 삽시간에 서울 시내에 진입한 군인들은 방송국, 시청 등 주요 기관을 장악했다.

채 어둠도 가시지 않은 5월 16일 새벽 5시, 사이렌 소리와 함께 마을에 울려 퍼진 라디오 소리에 귀를 기울이던 사람들은 놀라움을 감출 수 없었다. 군인들이 쿠데타를 일으켜 정권을 장악한 것이다(5·16 군사 정변). 쿠데타를 주도한 이는 박정희와 김종필이었다.

"친애하는 애국 동포 여러분! …… 군부는 드디어 오늘 새벽을 기해서 일제히 행동을 개시해 국가의 행정·입법·사법 3권을 완전히 장악하고 이어 군사 혁명 위원회를 조직했습니다. …… 반공을 국가의 제일 원칙으로 삼고, 경제 재건에 노력을 기울일 것입니다."

해가 중천에 뜬 9시에 비상 계엄령이 선포되었다. 계엄령은 국가가 위기에 처했을 때 내리는 조치로, 국가의 안전을 위해서 모든 사람의 자유로운 활동을 제한하는 명령이다.

계엄령이 선포되자 군인들이 세운 군사 혁명 위원회가 국가의 최고 기관이 되었다. 군사 혁명 위원회는 우선 국민들이 뽑은 국회 의원들의 권한을 정지시키고 국회의 활동을 막았다. 필요한 법은 군인들이 직접 만들어 발표했고, 재판도 스스로 했다.

군인 정부를 비판할 것 같은 신문과 잡지는 강제로 폐간시켜 버렸다. 4·19 혁명 이후 만들어진 많은 단체가 강제로 해산당했다. 사람들은 자유롭게 단체를 만들거나 모임을 열 수도 없게 되었다.

"반공! 반공! 그것만이 우리 대한민국을 살리는 길입니다. 지금도 북괴는 호시탐탐 남한을 침략할 기회만 노리고 있습니다. 지금 우리는 하나로 똘똘 뭉쳐 지도자의 말에 따라야 합니다!"

군인들은 나라의 중요한 자리를 죄다 차지한 뒤, 목에 핏대를 세우며 반공을 외쳤다. 평화나 통일 같은 이야기는 입 밖에 내는 것조차 금지했다.
　"통일이요? 아직도 북한과 대화하자고 하는 겁니까? 통일을 진정으로 원한다면, 우리 스스로 통일을 이룩할 수 있는 힘을 길러야만 합니다. 북괴는 날마다 침략을 준비하는데, 평화니 통일이니 하는 소리는 그들을 돕는 일일 뿐입니다."
　군인들은 평화 통일을 주장하는 학생과 지식인을 잡아 가뒀다. 군사 정권에 반대하거나 비판하는 사람들은 빨갱이나 간첩으로 몰아 처형하기도 했다. 사람들은 공포에 질렸다.
　"여러분! 주변을 잘 살펴보십시오. 누가 우리 대한민국에 해가 되는 사람인지, 누가 북한을 찬양하는지, 잘 보십시오. 그가 바로 빨갱이입니다!

5·16 군사 정변을 일으킨 박정희
박정희는 군대의 힘을 앞세워 정권을 잡은 뒤, 18년 동안 최고의 권력자 자리에 있었다.

간첩입니다! 바로 신고하십시오! 우리가 흩어지면 모두 다 죽는 겁니다!"

사람들은 감시의 눈초리로 서로를 바라보았다. 북한에 가족이 있는 사람은 얼굴을 들고 다닐 수도 없었다. 북한과 평화롭게 교류하자거나 협상으로 통일을 이루자는 주장은 완전히 사라지고, 반공이란 구호와 감시의 눈초리가 사회를 휘감았다. 4·19 혁명으로 어렵게 싹튼 민주주의와 평화 통일을 향한 마음은 더 이상 자라지 못했다.

군인들이 통치하던 공포 정치가 2년간 이어진 뒤, 박정희는 군복을 벗고 직접 대통령에 출마했다. 그리고 1963년 12월에 대통령 임기를 시작했다. 제3공화국이 탄생한 것이다.

경제 도약의 시작

한국 경제 성장의 시작

4·19 혁명으로 출범한 제2공화국 민주당 정부는 경제 제일주의를 내걸었다. 정부가 앞장서서 경제 개발 계획을 세우고, 다 같이 땀 흘려 일하자고 호소했다. 5·16 군사 정변으로 정권을 잡은 군인들도 이 정책을 그대로 이어받아 1962년부터 제1차 경제 개발 5개년 계획을 추진했다.

정부는 날마다 경제를 힘주어 말했다.

"지금 한국은 세계에서 가장 가난한 나라 중 하나입니다. 어떻게 해서라도 경제 발전을 이룩합시다."

"서둘러 공업을 일으켜야 합니다. 언제까지 농사만 지어서는 잘사는 나라가 될 수 없습니다."

공업을 일으켜야 한다는 사실은 너무도 분명했다. 그러나 공업을 발전시키려면 갖춰야 할 것이 너무 많았다. 공장을 지을 시멘트와 기계도 필요했고, 전기도 필요했다. 공장을 움직일 훌륭한 기술자도 필요했고,

새로운 공업을 일으켜 세울 과학 기술 수준도 아직 높지 않았다. 우선은 공업을 일으킬 돈을 마련해야 했다.

"팔 수 있는 것은 다 내다 팔자."

정부는 수출을 특별히 강조했고, 수출을 많이 하는 기업에게는 여러 혜택을 주었다. 기업은 나름대로 외국 상품과 경쟁할 만한 물건을 만들기 위해 애썼고 특히 독자적인 기술을 마련하기 위해 노력했다. 힘들여 벌어들인 돈으로 공업 원료를 마련하고 기계를 들여왔다. 그래도 부족한 돈은 외국에서 빌렸다.

정부와 기업이 협력하면서 새로운 공업 도시가 탄생했다. 조용한 바닷가 지역에 불과하던 울산에 거대한 공장이 세워졌다. 외국에서 원유를 사들여 가공하고, 또 가공된 석유를 이용해 새로운 공업을 발전시켰다. 서울 남쪽에는 섬유 공장이 줄줄이 생겨났다. 한국의 경제 성장은 이렇게 시작되었다.

경제 발전을 위한 노력

1966년 12월 24일 크리스마스 이브. 세상이 온통 연말 분위기에 들떠 있을 때, 김포 공항에는 서독으로 가는 30여 명의 간호사가 눈물을 흘리며 가족과 이별의 슬픔을 나누고 있었다.

서른아홉 살인 이 간호사는 차마 발걸음을 뗄 수 없었다. 중학교 1학년 짜리 아들이 섧게 울며 엄마의 옷섶을 붙잡았다. 고등학교 1학년인 딸은 아예 공항에 나오지도 못했다.

"꼭 가야 돼, 엄마? 돈 아껴 쓸게. 난 엄마랑 같이 살고 싶어."

"미안해, 나도 같이 있고 싶어. 그래도 조금만 참자. 얼른 돈 많이 벌어 올게."

옷섶을 잡은 아들 앞에서 이 간호사는 차마 울 수 없었다. 그러나 조용히 눈물을 훔치던 친정어머니를 보는 순간, 더 이상 참을 수 없었다.

"엄마, 나 다녀올게. 우리 아이들……."

'우리 아이들 잘 부탁해.'란 말을 끝내 다 맺지 못한 채 이 간호사는 비행기를 탔다. 30대 중반에 남편을 잃고 혼자 두 아이를 키우다 독일로 떠난 것이다. 그리고 한국에 두고 온 아들딸을 생각하며 번 돈의 대부분을 한국으로 보냈다.

독일로 건너간 한국의 간호사는 10여 년 동안 1만여 명이나 되었다. 비슷한 시기에 독일 광산에 일하러 떠난 남성의 수도 1만여 명에 가까웠다. 이들이 보내온 돈으로 한국에 있던 아들딸과 동생들은 생계를 이었고, 학교를 다녔고, 어른이 되었다. 나라에서는 그 돈을 공업 발전의 밑천으로 삼았다.

부모 형제를 떠나 낯선 곳에서 일자리를 얻은 이들은 나라 안에도 많았다. 서울과 울산, 부산같이 새로운 공장이 들어선 곳에는 일자리가 많았다. 수많은 청소년이 고향을 떠나 도시에 자리 잡았다. 가족의 생계를 책임지는 청소년도 많았다. 이들은 어려운 조건에서도 열심히 일했고, 일해서 버는 돈은 가족을 위해 아낌없이 내놓았다.

1960년대는 배워야 산다는 열망이 치솟던 때였다. 땀 흘려 일하는 가족의 희생 위에서 학생들은 열심히 공부했다. 당시 한국은 아시아에서

서독 광산에서 일하는 한국인 광부와 서독으로 파견되는 한국인 간호사
경제 성장을 국가 최대의 목표로 잡은 박정희 정부는 외화를 벌어들이기 위해 한국의 젊은 광부와 간호사들을 서독으로 파견했다. 이들이 벌어들인 외화는 경제 성장의 밑거름이 되었다.

일본 다음으로 교육 수준이 높았는데, 잘 교육받은 유능한 젊은이들은 경제 건설에 필요한 노동자가 되고 기술자가 되고, 기업 경영인이 되었다.

노동자들은 다른 나라보다 값싸고 질 좋은 물건을 만들기 위해 땀 흘렸다. 기술자들은 새로운 제품을 개발하기 위해 애썼으며, 기업인들은 나라 안팎을 넘나들며 값싼 원료를 구하고, 공장에서 만든 물건을 내다 팔았다. 정부 관리들은 외국에서 돈을 끌어오고, 적절한 경제 계획을 세우기 위해 노력했다.

모두가 어떤 일이든 열심히 하겠다는 열의에 차 있었다. 하면 할 수 있다는 자신감도 가득했다. 한국의 경제 성장은 이들 모두의 힘으로 성과를 내기 시작했다.

빠른 경제 성장의 증거들
왼쪽부터 경부 고속 도로가 만들어진 것을 기념하는 조형물, 자동차 생산 공장, 항구에서 대형 선박에 실리는 수출품들의 모습이다. 한국의 경제 성장은 수출 공업의 비약적인 성장 위에서 가능했다.

제2차 경제 개발 5개년 계획

1967년부터는 제2차 경제 개발 5개년 계획이 시작되었다. 이제 부산과 울산을 비롯한 동남쪽 도시들이 새로운 공업 도시로 발돋움했다. 서울과 인천 부근에도 크고 작은 공장이 날마다 세워졌고, 대구와 구미를 중심으로 또 다른 공업 단지가 만들어졌다.

 새로운 철도도 건설했다. 서울과 부산을 연결하는 고속 도로도 개통했으며, 대규모의 여러 항구가 새롭게 건설되었다. 원료와 상품을 빨리 실어 나를 수 있게 되자 산업의 발달은 더욱 빨라졌다. 이름난 공업 국가만 도전한다는 분야에서도 성과를 내기 시작했다. 대규모 배를 만드는 조선 공업, 자동차, 전자 공업의 기초도 이 무렵에 마련되었다.

 전쟁을 겪은 지 20년 남짓, 한국은 빠르게 농업 국가에서 공업 국가로

갈수록 심해지는 빈부 격차
도시 인구가 급격히 늘면서 주택 문제를 비롯한 다양한 사회 문제가 생겨났다. 사진의 왼쪽은 서울 초기 아파트 단지, 오른쪽은 달동네라 불리는 서민 집단 거주 구역인데, 경제 성장에도 불구하고 모두가 함께 잘살게 된 것은 아니란 점을 보여 준다.

탈바꿈했다. 농촌 인구는 갈수록 줄어들고, 도시는 모여드는 사람들로 북적거렸다. 한국 조선소에서는 돛단배를 만들 거라며 비아냥거렸던 외국 언론도 하루가 다르게 발전하는 한국을 새롭게 주목했다.

굴욕적인 한·일 협정

1965년 4월, 4·19 혁명 5주년 기념식을 마친 대학생들은 우산도 없이 부슬부슬 내리는 비를 맞으며 거리로 나왔다. 아무도 말을 하지 않았다. 빗속에서 이뤄진 침묵 시위였다. 5년 전, 시민과 학생들의 피로 지킨 민주주의를 쿠데타로 망가뜨린 박정희 정부가 이번에는 민족의 자존심을 짓밟았던 일본과 굴욕적인 회담을 한다는 소식을 들었던 것이다. 아무도 소리 내어 외치지 않았지만, 길가에 선 시민들은 비를 맞으며 행진하는 대학생들의 속마음을 모두 알고 있었다.

"에구, 학생들이 또 고생이구먼. 왜 이런 일이 끊이지 않고 일어나누."

길가에 서서 학생들의 행진을 지켜보던 순이 아버지가 말했다.

"이번엔 일본하고 말썽 아닌가. 작년부터 계속 그랬지. 일본한테 돈을 빌리겠다고 일본 사람들이 옛날에 저지른 못된 일을 덮어 주기로 했다더군. 쯧쯧."

곁에 섰던 정식이 아버지가 혀를 찼다.

"아무리 먹고사는 게 중하다지만, 그럴 수야 없는 일 아닌가? 일본이 조선에서 한 짓거리를 생각해야지. 그때 당한 사람들이 두 눈 시퍼렇게 뜨고 살아 있는데, 없던 일로 하다니……."

빗속의 침묵 시위
1964년 3월, 정부가 한·일 회담을 재개하자 대학생들은 대규모 반대 시위를 벌였다. 1965년 4·19 혁명 기념식을 마치고 비를 맞으며 시위하는 대학생들의 모습이다.

사람들은 정부가 일본과 협정을 비밀리에 준비해 온 사실을 알고 분노했다. 해방 후 1948년에 한국 정부가, 1951년에 일본 정부가 정식으로 수립되었다. 그러나 두 나라는 가장 가까이 있으면서도 정식으로 외교 관계를 맺지 않았다.

일본과 한국이 정상적인 외교 관계를 맺기 전에 꼭 해결해야

한·일 협정 반대 시위
'한·일 흥정 반대, 미국은 흥정을 강요하지 말 것' 등을 내건 학생 시위대의 모습이다.

할 일이 있었다. 1910년에 일본의 위협에 의해 강제로 조인된 한일 병합에 대해 일본의 사과를 받아야 했고, 일본의 총칼 앞에서 목숨을 잃었던 한국인의 명예를 회복하고 정당한 배상을 받아야 했다. 강제로 끌려가 일본이 일으킨 전쟁의 제물이 되어야 했던 군인과 노동자의 억울함을 풀어 주고 정당한 배상을 받는 일도 중요했다. 한국 사람들 대부분은 이런 일을 먼저 해결하고 나서 일본과 국교를 맺어야 한다고 생각했다.

국민들의 감정을 잘 알던 정부는 몰래 일본과 회담을 진행했다. 정부는 경제 개발 성과를 내는 일에 조바심을 내고 있었다. 이를 위해 필요한 돈과 기술을 일본으로부터 들여오려 했다. 일본과 국교 수립을 서둘러

한·일 협정 조인식
국민들의 격렬한 반대에도 불구하고 정부는 일본과 협정을 맺었다. 그러나 일본의 진정한 사과나 배상은 이뤄지지 않았다.

일본의 도움으로 빠른 경제 성장을 이루고자 한 것이다.

온 국민이 관심을 가진 이 문제를 몰래 진행한 것부터가 잘못인데, 심지어 일본 정부의 사과조차 제대로 요구하지 않았고, 앞으로 식민 통치 희생자들의 배상 문제를 다시 제기하지 않겠다는 약속까지 했다는 소식도 들렸다. 신문들은 민족의 자존심을 깡그리 무너뜨렸다는 기사를 실었고, 국민들의 분노도 폭발했다.

대학생들이 거리로 쏟아져 나오고 시민들의 시위가 연일 계속되었다. 4·19 혁명 때보다도 더 많은 사람이 정부의 반민족적 회담에 항의했다. 그러자 정부는 군대를 앞세워 시위와 토론을 막았다. 시위에 앞장선 사람들을 '북한과 관련되어 있다.'며 감옥에 가두기도 했다. 그리고 얼마 후, 한국은 일본과 조약을 맺었다.

일본은 '두 나라의 과거는 매우 유감이다.'라고 변명한 뒤, 경제 협력 자금 일부를 지원하겠다며 과거에 저지른 모든 범죄와 피해자에 대한 책임을 덮어 버리려고 했다. 이 때문에 법적으로 한국인이 일제 강점기에 겪은 고통에 대해 일본 정부를 대상으로 보상을 요구할 길이 막혀 버렸다.

치욕적인 국교 회복에 대한 반발은 계속되었지만, 박정희 정부는 무장한 군인을 서울에 투입해 시위에 참여한 사람들을 잡아 가두어 사태를 진정시키려 했다. 그리고 1965년 12월 18일에 한·일 협정에 관련된 모든 일을 일단락 지었다. 을사조약이 강제로 체결된 지 60년이 되는 때였다. 경제 협력 자금을 받았기 때문에 민족의 자존심과 일본에 배상을 요구할 수 있는 국민의 권리는 크게 훼손되었다.

베트남 전쟁에 참가한 젊은이들

한·일 협정 문제로 온 나라가 들끓는 가운데 1965년 8월, 국회는 또 하나의 중요한 결정을 내렸다. 베트남에 한국군 전투병을 파견하기로 결정한 것이다.

베트남은 배를 타고 여러 날을 가야 도착할 수 있는 먼 나라였다. 그곳에서는 미국이 지원하는 남부 베트남 정부와 베트남의 독립과 통일을 주장하는 공산주의자들이 싸우고 있었다. 미국은 아시아에서 공산주의가 확산되지 않아야 한다면서, 여러 해 동안 남부 베트남 정부를 도왔다. 그러나 공산주의자의 세력이 계속 커져 양쪽은 본격적인 전쟁에 돌입했다.

미국 국민은 한국 전쟁이 끝난 지도 얼마 되지 않았는데 새로운 전쟁을 벌이는 것을 달갑지 않게 여겼다. 또다시 미국 젊은이들이 남의 나라에 가서 피를 흘리며 죽게 할 수는 없다고 생각했다.

베트남에 군대를 보내겠다고 먼저 나선 쪽은 한국이었다. 쿠데타를 통해 집권한 박정희는 미국의 신임을 얻고 싶었다. 게다가 경제 개발에 도움이 될 수 있겠다는 생각도 했다. 쿠데타 직후 미국을 방문한 박정희는 미국 대통령에게 한국군을 베트남에 보내 미국을 도울 수 있다는 이야기를 먼저 건넸다.

"미국이 혼자서 너무 많은 부담을 지고 있습니다. 한국이 자유 세계의 일원으로서 미국의 부담을 덜어 주겠습니다."

전혀 예상하지 못했던 박정희의 제안을 들은 미국 대통령은 기분이 좋았다. 그러나 곧바로 베트남 파병이 이뤄지지는 않았다. 베트남도 미국이나 한국 모두를 조심스러워 했기 때문이다.

1965년, 베트남에서 전쟁이 확대되었다. 바로 그해 한국군 전투병이 베트남에 정식으로 파견되었다. 미국은 다급해졌고, 베트남에서도 반대 여론이 사그라졌기 때문이다.

입버릇처럼 반공을 내세우던 박정희 정부는 외국의 공산주의자를 물리치는 것도 나라를 위한 일이라며 국민을 설득하려 했다. 미국에게는 한국 군대를 현대화하고, 참전한 군인들의 월급을 지원하라고 요구했다.

미국은 한국 정부가 내놓은 조건을 받아들였다. 정부가 내놓은 파병 동의안은 야당 의원이 아무도 참석하지 않은 국회에서 통과되었다. 곧이어 스무 살 안팎의 꽃다운 한국 청년들이 총을 메고 머나먼 나라, 베트남을 향해 길을 떠났다.

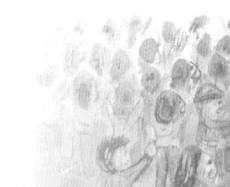

> 조국 위해 싸워 이긴 불굴의 투사
> 나아간다 이역만리 우방을 찾아
> 갈라진 강토 설움 나누며
> 손 맞잡고 몰아내리 붉은 이리 떼
> 파월 용사 대한의 자랑
> 펄펄펄 휘날린다 태극기 휘날린다.

기차역과 항구에 나온 수많은 여고생이 태극기와 꽃을 흔들며 노래를 불렀다. 그러나 여고생들 뒤편에는 목숨을 걸고 싸우러 떠나는 아들과

남편을 눈물로 배웅하는 이들이 줄을 이었다. 전쟁터로 떠나는 이들은 대부분 스무 살 남짓의 청년이었다.

1973년까지 그렇게 베트남으로 건너간 군인들은 5만여 명이었고, 그중 5000여 명이 베트남에서 목숨을 잃었다. 부상으로 평생을 고통스럽게 살아야 하는 사람은 더 많았다. 미국이 베트남의 나무와 숲을 제거하는 데 사용하는 고엽제란 농약을 밀림에 잔뜩 뿌렸는데, 밀림 속에서 전투를 하던 한국 젊은이들이 그 독한 약에 마구 노출되었기 때문이다.

겉보기에는 문제가 없어 보이지만 낯선 이국 땅에서 겪은 죽음의 공포와 살인의 기억이 수시로 떠올라 전쟁이 끝난 뒤에 오랫동안 정신적 고통을 받은 이도 많았다.

고엽제 피해자
고엽제는 풀과 나무를 말라 죽게 하는 약품이다. 미국은 베트남 전쟁 때 고엽제를 대량으로 뿌렸는데, 전쟁이 끝난 뒤에도 많은 사람이 고엽제 후유증을 앓고 있다.

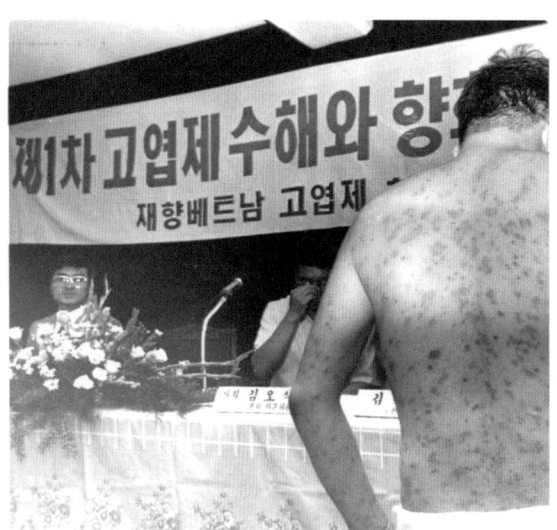

베트남 파병 장병 전투
1965년 10월, 베트남 전쟁에 파병된 장병들이 싸우는 모습이다. 1973년까지 베트남으로 건너간 군인들은 5만여 명이었고, 그중 5000여 명이 목숨을 잃었다.

참전 군인들은 미국에서 주는 월급을 받았다. 군대에서 쓰는 경비나 운영비도 미국에서 지원받았다. 베트남에 진출한 한국 기업도 적지 않았는데, 이들도 많은 수입을 올렸다. 한국 군인이 받는 급여는 미군이 받는 급여의 절반에도 못 미쳤다. 그러나 한 푼의 외국 돈이 아쉬운 시기에 죽음을 무릅쓴 군인들이 벌어들인 약 10억 달러의 외화는 한국 경제 발전의 밑거름이 되었다.

예전보다 좀 더 잘살게 된 오늘날 우리 모습은, 바로 이들이 흘린 눈물과 고통, 죽음의 결과이다. 그렇지만 남의 나라 전쟁에 참가해 수많은 젊은이가 생명을 바치고 더 많은 이들이 가족 잃은 아픔을 안고 살아야 할 정도로 꼭 필요한 일이었는지 물음을 던지는 이도 많다.

경제 성장의 그늘

"엄마, 너무 걱정하지 말아요. 서울에 가면 돈 벌면서 공부할 수 있는 공장이 많다잖아요. 내가 돈 많이 벌어 올게."

플랫폼으로 기차가 들어오자 기정이가 바닥에 내려놓았던 가방을 들며 말했다. 기정이의 손을 꼭 붙들고 있던 어머니는 연신 치맛자락으로 눈물을 찍어 내고 있다.

"엄마, 울지 마. 내가 고등학교 가고 싶어서 가는 거야. 서울 가서 학비도 벌고, 학교에도 다니고 오빠 학비도 보탤게."

"가면 꼭 임이 언니 찾아가라. 주소 챙겼지? 언니가 공장 소개해 준댔으니까, 언니 말 잘 듣고. 알았지?"

"아버지, 저 갈게요. 오빠가 서울역에 나온댔으니까 걱정 말아요. 엄마, 나 갈게."

기정이가 오르자 금세 기차가 움직이기 시작했다. 멀어져 가는 부모님을 바라보는 기정이의 눈에서도 눈물이 흘렀다. 낯선 곳, 낯선 일, 낯선 사람들을 만나기에 열일곱은 너무 어린 나이였다. 목이 메어 아무 말도 못 하고 어린 딸을 보낸 기정이 아버지는 애꿎은 줄담배만 피워 댔다.

몇 년째 쌀값은 거의 오르지 않았다. 그런데도 물가는 꾸준히 올라 남의 땅을 빌려 쌀농사를 짓는 기정이네 수입으로는 서울에서 학교 다니는

가발 공장의 여성 노동자
여성 노동자들은 1960~1980년대의 산업 역군, 수출 역군이었으나 평균 임금은 최저 생계비에도 미치지 못했고, 노동자들의 평균 노동 시간은 세계에서 가장 높은 수준이었다.

아들 등록금을 내기가 어려운 형편이었다. 작년에 중학교를 일등으로 졸업한 기정이였지만, 학교를 계속 다닐 상황이 아니었다. 열심히 일해도 사는 것은 점점 더 힘들어졌다. 이미 서울로 올라가 가발 공장에서 일하고 있던 임이가 기정이의 일자리를 알아봐 주었다.

국가 정책에 따라 쌀값은 거의 오르지 않는데 비료 값은 올라가니 농사를 지을수록 빚만 늘었다. 머지않아 도시든 농촌이든 다 같이 잘사는 세상이 온다고 했지만, 정부에서는 공업에서 더 많은 이익을 내기 위해 쌀값을 낮게 유지하려 애썼다. 그래야 노동자들에게 적은 급여를 주어도 일을 할 수 있기 때문이었다.

농사를 지어도 가난에서 벗어나기 어려운 농민이 너무 많았다. 게다가 도시와 농촌의 차이는 갈수록 커졌다.

> 새벽종이 울렸네, 새 아침이 밝았네.
> 너도 나도 일어나 새 마을을 가꾸세.

정부에서는 농촌을 발전시키겠다고 새마을 운동을 시작했다. 마을 사람들은 국가가 보조해 준 돈으로 초가지붕을 없애고 마을 길을 넓히고 마을 회관을 지었다. 국가가 돈을 빌려주면 품종을 개량하고 농기계를 들여오는 일도 해 볼 수 있었다. 그 결과 농민들의 수입도 조금 늘었다.

문제는 빚이었다. 정부에서 하는 말을 믿고 심었던 작물인데 제대로 수확을 못 하거나 힘들여 사들인 농기계가 고장이라도 나면 빚을 얻어야 입에 풀칠이라도 할 수 있었다. 농산물 가격은 잘 오르지 않는데, 공산품

가격이 빠르게 오르는 일도 문제였다. 정부에서는 날마다 경제가 나아진 다고 말했지만 농민의 생활은 달라지지 않았고, 갈수록 힘들어지는 농촌을 떠나는 사람이 줄을 이었다.

농촌 인구는 갈수록 줄었으나, 서울이나 부산은 물론 대도시 가까운 지역에는 감당할 수 없을 정도로 사람이 모여들었다. 임시로 지은 무허가 주택들이 다닥다닥 들어선 판자촌이 생겼다. 강둑이나 산등성이 판자촌에 둥지를 튼 사람들은 하루하루 일자리를 찾아 열심히 살았다.

해가 뜨면 부모는 모두 직장에 나가고 아이들은 학교로 갔다. 교실마다 80명 정도 되는 아이들이 콩나물시루처럼 빽빽이 들어앉아 공부했다. 공부해서 좋은 학교에 진학해 취직을 잘하는 것이 아이들뿐 아니라 부모의 희망이었다.

학교에서 돌아와 숙제까지 마쳐도 엄마와 아빠는 바쁜 일터에서 돌아오지 않았다. 심심하고 배가 고픈 아이들은 우르르 골목길로 몰려나와 놀잇감을 찾았다. 여자아이들에게 고무줄놀이와 공기놀이는 하루 종일 해도 재미있는 놀이였고, 남자아이들은 땅따먹기와 비석 치기로 시간을 보냈다.

늦은 저녁을 먹고 나면 다시 텔레비전이 있는 집에 모여 앉아 드라마 속 이야기에 울고 웃었다. 레슬링 선수 박치기 왕 김일이 일본 선수를 링 위에 메다꽂을 때면 온 동네가 떠나갈 듯 함성이 터져 나왔다.

시간을 잊고 텔레비전에 빠져들다가 대문 밖에서 자기 이름을 부르는 엄마의 목소리에 화들짝 놀라 뛰어나갔다. 골목길을 뒤지며 아들을 찾던 어머니는 몽당빗자루로 아들의 엉덩이를 한 대 쳤다.

콩나물시루 같은 초등학교
농촌 인구는 갈수록 줄어들고, 서울과 부산 같은 대도시로 사람들이 몰려들었다. 도시의 학교에서는 교실이 부족해 오전반, 오후반을 나누어 2부제 수업을 했고, 한 교실에 80명 가까운 아이들이 모여 공부했다.

도시에서의 삶은 녹록지 않았다. 많은 여자아이가 초등학교를 마치기 바쁘게 일자리를 구해 돈을 벌어야 했다. 남자아이라도 상급 학교에 진학할 만큼 집안 사정이 넉넉한 경우는 흔하지 않았다.

나이 어린 여자아이들이 가장 쉽게 구할 수 있는 직업은 버스 안내양이나 봉제 공장에서 재봉을 돕는 시다(보조자)였다.

"오라이~잇!"

봉순이가 힘 있게 문을 내리치는 소리에 운전기사는 버스를 출발시켰다.

열일곱 살 봉순이의 하루는 새벽 5시에 시작된다. 감기는 눈꺼풀을 억지로 뜨며 세수를 하고 옷을 입은 뒤 곧바로 버스에 올랐다. 허리에는 잔돈이 가득 들어 있는 무겁고 커다란 가방을 찼다.

학생들의 등교 시간이 되면 버스는 터져 나갈 듯하다. 사람들이 꽉 들어차 손잡이를 잡지 않아도 넘어지지 않는다. 정류장에 버스가 서면 봉순이는 얼른 문밖으로 뛰어내려 사람들을 태웠다.

차비를 들이미는 손에 거스름돈을 쥐어 주고, 돈을 제대로 냈는지 확인하고, 아직 못 탄 사람들까지 다 태워야 한다. 미어터지는 버스에 필사적으로 올라타려는 사람들을 밀어 넣다가 가끔 창문으로 사람을 태우기도 했다.

문이 미처 닫히지도 않았는데 버스가 출발하는 일도 많았다. 봉순이는 있는 힘을 다해 문에 있는 손잡이를 잡고 매달린다. 어린 봉순이를 문에 매단 채 버스는 대로를 달린다. 위험천만한 일이지만 어쩔 수 없다. 버스 안내양이 차에서 떨어져 죽는 사고도 종종 일어났지만 뾰족한 대책을 마련할 수도 없었다.

쉬는 시간이라고는 점심시간 30분 정도. 그렇게 밤 12시까지 시내를 뺑뺑 돌고, 일이 끝나면 버스 청소에 하루 수입을 계산하는 일까지 해야 했다. 10대 소녀들이 감당하기에는 너무 힘든 나날이었다. 하지만 일당은 고작 500원 정도였다.

'산업 역군'이라며 국가에서 치켜세우는 공장의 노동자들도 사정은 마찬가지였다. 하루 열두 시간이 넘는 고된 노동에 시달리며 환기 시설이나 안전 시설이라고는 거의 없는 작업장에 서면 정신이 아득해지도록 힘들었다.

나이 어린 노동자도 많았다. 이들은 나이가 어리다고 월급도 어른 노동자의 반밖에 받지 못했다. 노동 조건이 나쁘니 어린 노동자들의 몸이 성할 리 없었다.

'아차!' 하는 순간 기계에 몸을 다치거나 끝없이 돌아가는 미싱 바늘에 손가락을 찔리는 일도 자주 생겼다. 밥도 제대로 챙겨 먹지 못하는 소년 소녀들은 쇠약할 대로 쇠약해져 감기 같은 병도 쉽게 털어 내지 못했다. 그러나 하루라도 쉬면 일당을 받을 수 없기 때문에 공장을 빠질 수도 없었다.

어린 노동자들의 고통에 귀 기울이는 사람은 거의 없었다. 노동자들의 권리를 지키기 위한 '근로 기준법'이 있었지만, 거의 제대로 지켜지지 않았다. 언론이나 정치권도 이 문제에 관심을 두지 않았다.

1970년 11월 13일, 청계천 평화 시장 골목에서 불길에 휩싸인 사람이 뛰어나왔다.

"근로 기준법을 지켜라! 우리는 기계가 아니다!"

"8시간 노동을 보장하라!"

그동안 청계천에서 일하던 노동자들의 노동 조건 개선을 위해 백방으로

전태일의 죽음과 그를 기리는 동상
전태일의 죽음을 보도한 신문에는 '처우 개선을 외치던 청년이 근로 기준법을 껴안은 채 분신 자살을 했다.'라고 쓰여 있다. 오른쪽 동상은 그가 활동하던 서울 청계천 평화 시장 앞에 있다.

노력하던 재단사, 스물두 살의 전태일이었다. 그는 회사 사장들은 물론, 노동 환경을 관리하는 관청을 찾아가 여러 차례 개선을 요구했다.

그러나 사장들은 물론 정부 관청에서도 꾹 참고 일하라는 말만 할 뿐, 아예 귀담아들으려 하지도 않았다. 심지어 그와 함께 활동했던 사람을 직장에서 쫓아내려 했다.

결국 전태일은 이 같은 잘못을 바로잡으려고 자신의 몸에 불을 붙인 뒤 시위를 벌였던 것이다. 스스로 불꽃이 되길 원했던 전태일의 죽음은 많은 노동자에게 용기를 주었다. 그리고 학생이나 지식인을 비롯해 여러 사람이 노동 문제에 관심을 갖게 되었고, 노동 조건 개선을 서둘렀다.

박정희 정부는 노동 운동을 반기지 않았다. 경제가 빠르게 성장해 큰 기업이 많이 생겨나고 돈을 많이 버는 이들도 늘었으나, 빈부의 차이는 좁혀지지 않았다. 나라 살림이 나아지면 국민들이 고루 잘살 수 있을 것이란 박정희 정부의 주장은 현실과 거리가 멀었다.

독재 정치에 맞선 국민

유신 체제와 민주주의의 시련

"빨리빨리! 인제 시작한대!"

"그래? 얼른 가 보세!"

종로 시장통에서 물건을 진열하던 상인들이 우르르 전파상(중고 가전 제품을 팔거나 수리하던 가게) 쪽으로 몰려들었다. 조그만 흑백 텔레비전 앞은 몰려든 상인과 장 보러 나온 시민들로 발 디딜 틈이 없었다. 화면에는 정부 입장을 밝히는 대변인이 나와 1972년 10월 26일 아침 비상 국무 회의에서 의결된 헌법 개정안을 읽기 시작했다.

- 대통령은 더 이상 국민이 뽑지 않는다.
- 대통령 임기는 6년으로 하되, 죽을 때까지 계속할 수 있다.
- 대통령은 국회 의원 3분의 1과 법관, 대법원장을 임명한다.
- 대통령은 국회를 해산할 수 있고, 법률의 효력을 정지시킬 수 있다.

발표 내용은 시민들의 상상을 뛰어넘었다. 사람들은 어안이 벙벙했다. 헌법 개정안의 내용이 너무 황당했기 때문이다. 민주주의는 껍데기만 남고, 대통령 한 사람에게 모든 권력을 집중시킨 말도 안 되는 내용이었다. 열흘 전, 박정희 대통령은 군대를 동원해 국회의 문을 닫게 했다. 보통 사람들의 자유로운 의사 표현을 금지하고, 몇몇 정치인의 정치 활동도 모두 금지시켰다. 그리고 새로운 헌법안을 발표한 것이다.

박정희는 1963년에 헌법을 개정했다. 이때 개정된 헌법은 대통령을 두 번까지만 할 수 있었다. 그런데 그는 두 번째 대통령에 당선된 직후부터 헌법을 바꾸려고 했다.

"경제 개발을 마무리하고 싶습니다. 단 한 번만 더 대통령을 할 수 있게 해 주세요."

박정희는 1969년 다시 헌법을 바꿔 세 번 계속 대통령을 하려고 했다. 이를 '3선 개헌'이라고 부른다. 이때 대통령 선거에 나서면서도 마지막 출마란 점을 수없이 강조했다.

사람들은 박정희가 이승만처럼 헌법을 바꿔 세 번씩이나 대통령이 되려고 하는 데 분노했고 반대했다. 하지만 '마지막'과 '경제 개발'이란 말을 믿고 한 번 더 기회를 주자는 사람도 적지 않아서, 그는 어렵사리 세 번째로 대통령이 되었다. 그런데 대통령이 된 지 1년도 채 못 되어 다시 헌법을 바꾸겠다고 나선 데다 이번엔 아예 영원히 대통령을 할 수 있도록 하자고 나왔으니 국민들은 놀란 입을 다물지 못했다.

하지만 군대를 앞세워 모든 언론을 장악한 박정희의 헌법 개정 시도를 막을 재간이 없었다. 1972년 12월, 박정희는 새 헌법에 따라 네 번째로 대통령이 되었다. 이때 만들어진 헌법을 '유신 헌법'이라 하고, 이 헌법에 따라 대통령이 나라를 제멋대로 움직였던 체제를 '유신 체제'라고 부른다.

정부 정책에 반대하거나 저항하는 사람들은 큰 고난을 겪었다. 박정희와 대통령 선거에서 맞붙었던 김대중은 도쿄에서 납치되어 죽임을 당할 뻔했고, 헌법에 대해 토론하거나 개정을 주장하는 일도 자유롭지 못했다. 많은 정치인과 종교인, 학자들이 감옥으로 끌려갔다. 시위에 참여한 학생들은 잔인하게 진압되어 징계를 받거나 감옥살이를 해야 했다. 그러나 많은 국민은 유신 체제가 이어진 기간 내내 강력한 반대 운동을 이어 나갔다.

박정희 정부는 '긴급 조치'를 잇달아 발표해 저항을 잠재우려고 했다. '긴급 조치'란 대통령이 필요한 경우에 헌법에서 보장하는 국민의 자유와 권리를 제한할 수 있도록 한 것이다. 모든 시위와 집회를 금지하고 시위를 이끈 사람에게는 사형까지 선고할 수 있게 했다. 시위를 자주 일으키는 대학은 무기한 휴업 조치했고, 사람들을 마구잡이로 잡아 가두고 고문했다. 정부에 비판적인 사람을 간첩 혐의를 씌워 구속하고 사형에 처하기도 했다.

이런 때에 신문을 만들던 기자와 언론인들의 고통은 남달랐다. 정부는 신문 내용을 검열한 뒤에야 내보냈다. 정부 정책에 비판적인 기사는 삭제되고, 정부가 한 일은 무조건 칭찬해야 하는 상황이 이어졌다. 정부의 뜻을 받아들이지 않는 기자는 신변의 위협을 느낄 정도였다. 그런데도 언론인의 양심을 지키기 위해 일어선 기자들이 있었다.

긴급 조치 4호
정권에 반대하는 시위를 벌이면 대학을 폐교할 수 있고, 지시에 따르지 않는 학생은 사형시킬 수 있다는 내용이다.

긴급 조치 9호
유신 헌법에 대한 토론을 금지하고 정권의 마음에 들지 않는 신문을 폐간시킬 수 있다는 내용이 쓰여 있다.

> …… 자유 언론은 어떠한 구실로도 억압될 수 없으며, 어느 누구도 간섭할 수 없다. 우리는 언론에 대한 어떤 간섭도 단결된 힘으로 막아 낸다. ……

《동아일보》 기자 가운데 일부가 자유 언론 실천 선언을 한 뒤 정부의 잘못된 지시를 더 이상 따르지 않겠다고 나섰다. 그러자 정부는 기업들이 《동아일보》에 광고를 싣지 못하도록 했다.

며칠 뒤부터 《동아일보》에서 기업 광고가 사라졌다. 이렇게 되면 신문사는 광고비 수입이 없어져서 경제적으로 큰 타격을 받고 자칫 폐간될지도 모를 일이었다.

모든 野黨은 進取의	
金大中先生을 받들어 民權	숙희의
鬪爭의 旗幟를 높이자	재경목

在京 湖南鄕友會

二次

言論自由를 위하여

木鐸들이여!

우리는 당신들과 항상 함께

할 것입니다

서울工大志友들

東亞! 너없으면

무슨재미로 사나

어떻게든

醱酵를

멈추지 말라

해화동 李

大韓民國憲法第一條二項

大韓民國의 主權은 國民에게 있고

모든 權力은 國民으로부터 나온다

작은 마음들을

이화대학의학과 2년 일동

高大 政經大 女學生 一同

거의거지가된 Z&S 신부님의

풍요한 마음을 담았습니다.

李文永博士님과 親友여러분께

감사드립니다

미국로스엔젤레스에서

東國人은 결코 現實을

座視하지 않는다

성원해주신 여러분께

감사드리며

東大生들이

동아를

사랑하는 이웃이

뜻을 같이하는 사람끼리

뜻있는 가대학생일동

自由民主主義가 保障되지 않는

言論의 自由를 享有할수 있을것인가?

우리 다 같이 奮發합시다

新民黨忠北第一地區黨(淸州)

委員長 李 敏 雨

숙대 영문과

동문일동

필승 동아

기자들은 신문을 백지로 내보내지 않기 위해 광고란에까지 기사를 실으며 안간힘을 썼지만 오래 버티기 힘들었다. 그런데 국민들이 실의에 빠진 기자들을 일으켜 세웠다.

"김 기자! 이것 좀 봐!"

감격에 겨운 듯 목소리가 떨리는 송건호 편집장의 손에는 며칠 동안 들어온 광고 신청서들이 들려 있었다.

> 배운 대로 실행하지 못한 부끄러움을 이렇게 광고하나이다.
> 자유·정의·진리여, 싸워 이겨라!
> 우리에게 희망을 준 《동아일보》에 감사드립니다.

기자들의 언론 자유 운동을 지지하는 독자들이 작은 광고를 싣기 시작한 것이다. 편집국에 앉아 기사를 작성하던 기자들은 시민들이 광고비와 함께 보내온 광고 내용을 보면서 모두 눈물을 지었다.

"역시 국민들은 우릴 버리지 않는군요."

"그래, 역시 국민들은 자유를 원하고 있어. 민주주의만이 이 시대를 구할 수 있다고."

"편집장님! 갑자기 기운이 막 솟는데요? 여러분, 우리 열심히 기사를 씁시다!"

게다가 《동아일보》를 구독하겠다고 새로 신청하는 사람의 수도 계속 늘어났다. 기자들은 다시 힘을 내 정부의 언론 탄압에 맞서 민주주의를 주장하는 기사를 실었다.

정부는 신문사에 계속 압력을 넣었고, 결국 신문사 경영진은 정부 비판에 앞장섰던 기자 150여 명을 직장에서 쫓아냈다. 하루아침에 일자리를 잃고 거리로 내몰린 기자들은 계속해서 언론 자유 운동을 펼쳤다.

언론인 말고도 대학교수나 교사, 문학가, 성직자 중에서도 독재에 반대하고 자유를 지키기 위한 운동에 나서는 사람이 줄을 이었다. 유신 체제는 최악의 독재 정치였지만, 많은 사람이 용기를 잃지 않고 민주주의를 실현하기 위해 싸웠다. 정부의 칼날 같은 탄압도 자유를 향한 그들의 염원을 막을 수는 없었다.

유신 체제에 대한 저항

1979년 10월 16일, 유신 7년째를 하루 앞둔 날, 부산대학교에서 시위가 일어났다. 대학생들은 강의실을 뛰쳐나와 '독재 타도, 유신 철폐!'를 외치며 교내를 행진했다.

경찰이 최루탄을 마구 쏘아 대며 학교로 쳐들어왔다. 이를 본 학생들이 더 많이 시위에 참가하면서 부산 시내로 나아갔다. 학생 시위대가 거리에 나타나자 수많은 시민이 몰려들었다. 시위대는 경찰도 어쩌지 못할 정도로 순식간에 수천 수만 명으로 불어났다.

> 우리의 소원은 민주, 꿈에도 소원은 민주,
> 이 겨레 살리는 민주, 민주여 오라.

학생과 시민은 〈우리의 소원은 통일〉, 〈애국가〉 등을 함께 부르며 행진했다. 그리고 '독재 타도, 유신 철폐!'를 소리 높여 외쳤다.

아침에 시작된 시위는 밤늦게까지 이어졌다. 경찰의 시위 진압도 갈수록 거세졌으나 다음 날, 더 큰 시위가 일어났다. 이제 대학생과 고등학생을 가릴 것도 없고, 학생과 시민을 구분할 필요도 없었다.

결국 박정희 정부는 부산에 군인을 투입해 시위를 강제로 진압하려 했다. 그런데 군인이 들어온 10월 18일에는 시위가 마산으로까지 확산되었다. 4·19 혁명의 불길이 처음 불붙었던 마산의 시위는 부산보다 더 격렬했다. 시위대는 '독재 타도, 유신 철폐!'를 외치고 평화적으로 시위하다가, 여당 국회 의원 집과 경찰서를 공격했다.

부·마 민주 항쟁과 당시의 신문 기사
부산에서 비상계엄이 선포되어 군대가 도시를 통제하게 되었다는 내용이다.

시위 소식을 전혀 보도하지 않은 방송국도 공격했다.

밤이 깊자 마산에도 군인이 들어왔다. 탱크를 몰고 나타난 군인들은 시내 중심지를 차지했다. 실탄을 장전하고, 총 끝에 시퍼렇게 날선 칼도 꽂았다. 그러나 마산 시민들은 굴복하지 않고 다시 시위를 벌였고, 이 시위는 10월 20일까지 계속되었다. 닷새 동안 부산과 마산 두 도시를 중심으로 진행된 최대의 유신 반대 운동을 '부·마 민주 항쟁'이라 한다.

최대의 유신 반대 운동이 일어나자 박정희 정부 안에서도 어떻게 대처할지 의견이 분분했다. 1979년 10월 26일, 대통령과 중앙 정보부장, 비서실장과 경호실장, 육군 참모 총장 등 대통령과 가장 가까운 사람들이 모였다.

"각하, 시위대의 주장을 조금이라도 받아들이는 것이 좋겠습니다."

시위 현장을 직접 다녀온 중앙 정보부장 김재규가 조심스럽게 이야기를 꺼냈다.

그러자 박정희는 버럭 화를 냈다.

"유신 철폐, 독재 타도라 떠들잖아! 받아들일 게 뭐 있어. 다시 이런 일이 있으면 내가 직접 발포 명령을 내리겠어."

시민을 희생시켜서라도 시위를 막으라는 뜻이었다. 그러자 경호실장 차지철이 끼어들었다.

"각하, 데모하는 놈들 2000명 죽인다고 누가 눈 하나 깜짝하겠습니까. 제가 탱크를 몰고 가서 확 밀어 버리겠습니다."

재판을 받고 있는 김재규
박정희 대통령을 죽인 김재규 중앙 정보부장은 군법 재판에서 사형을 선고받았다.

김재규는 무섭다는 느낌이 들었다. 그리고 절망감에 빠졌다. 이들과 더 이상 나눌 이야기가 없다고 생각한 김재규는 회의장을 빠져나왔다. 그리고 권총에 실탄을 채운 뒤 다시 그곳으로 들어갔다.

"이 버러지만도 못한 녀석!"

김재규는 차지철을 쏘았다. 그리고 박정희를 쏘았다.

1961년부터 18년 동안 최고 권력을 누렸던 박정희는 그렇게 세상을 떠났다. 오직 박정희만을 위한 헌법이었던 유신 헌법도 수명을 다했다. 이제 민주적인 새 세상이 올 것인가, 사람들은 희망을 갖고 1980년을 맞았다.

1970년대의 모습들

"저희는 그냥 《15소년 표류기》처럼 살고 싶었어요······."

초등학교 4학년 아이 세 명과 아직 입학도 하지 않은 꼬마 두 명이 질문을 퍼붓는 기자들과 여기저기서 터지는 카메라 플래시에 잔뜩 주눅이 들어 입을 열었다.

"텔레비전에서 본 만화 주인공처럼 무인도에 가서 살려고 했어요."

이들은 한동네에 살던 어린이들이었는데, 돼지 저금통에서 꺼낸 6500원과 집 지을 톱, 사냥할 때 쓸 새총, 비를 막아 줄 비옷, 동식물을 길러서 먹기 위한 가이드북까지 꼼꼼히 챙겨 무인도 탐험에 나섰다.

원래는 제주도까지 갈 예정이었지만 차비가 모자란다는 걸 알고는 인천 앞바다의 영종도에 들어갔다. 하지만 이들의 계획을 엿들은 한 중학생이 무인도 생활이 얼마나 힘든 일인지를 들려주며 설득해 겨우 집으로 데려온 재미있는 사건이었다.

변변찮은 장난감도 없던 시절이어서 가끔씩 텔레비전에서 방영하는 만화 영화는 인기 만점이었다. 일본 만화를 번역해 들여온 〈마징가Z〉와 국내에서 제작한 〈로보트 태권V〉의 주인공들이 악에 맞서 싸우는 모습은 모든 사내아이를 정의감에 불타게 했고, 배가 난파되어 무인도에 닿았지만 꿋꿋하게 살아가는 소년들의 이야기를 담은 소설 《15소년 표류기》는 아이들의 모험심에 불을 붙였다.

여자아이들에게는 단연 일본 만화 《캔디》가 돌풍을 일으켰는데, 어려운 환경 속에서도 항상 밝은 성격을 잃지 않는 캔디의 모습은 사랑스럽기 그지없었다.

〈로보트 태권 V〉
1976년 제작된 극장 애니메이션 영화 시리즈. 당시 거의 유일한 국산 애니메이션 영화로 많은 사랑을 받았다.

반공 교육
학교 교과 과목으로 '반공'은 필수였고, 《반공독본》이라는 교과서도 있었다. 영화 《똘이 장군》을 학교에서 함께 보기도 했다.

학교에서 실시하는 반공 독후감 쓰기 대회의 단골 소재로는 만화책 《똘이 장군》이 있었다. 금강산에서 동물들과 함께 평화롭게 살아가던 똘이가 북쪽을 지배하고 있는 붉은 이리 떼와 싸워 이긴다는 내용이었다. 땅굴을 파서 남쪽의 착한 사람들을 침략하려 하고 북쪽의 사람들에게는 강제로 일을 시키는 이리 떼의 두목은 변장한 돼지였다. 똘이는 승리할 때마다 감격스러운 목소리로 '자유 대한 만세!'를 외치곤 했다. 만화 영화로도 제작된 《똘이 장군》은 당시의 반공 분위기를 타고 최고의 인기를 누렸고, 주제가 앨범은 10만 장이 넘게 팔려 나갔다. 《똘이 장군》은 어린이들에게 반공을 가르치기에 가장 훌륭한 교과서였다.

하지만 재미있는 만화 영화를 보러 들어간 극장에서도 조심해야 할 것이 있었다. 영화 시작 전 극장의 불이 모두 꺼지면 화면에선 커다란 태극기가 휘날리며 애국가가 흘러나왔다. 자리에 앉아 있던 사람들은 하나도 빠짐없이 벌떡 일어나 경건하게 화면을 바라보거나 애국가를 따라 불렀다. 극장 한쪽 구석에는 경찰관이 앉을 자리가 마련되어 있었는데, 태극기를 보고도 일어서지 않거나 불만스러운 행동을 한 사람들은 경찰관에게 끌려 나가거나 지적받는 일도 종종 있었다.

매일 오후 6시, 대한민국 방방곡곡에는 애국가가 울려 퍼졌다. 그리고 국민은 누구나 국기를 내리는 의식에 참가해 예의를 표해야 했다.
"엄마, 저 아저씨 공산당인가 봐."
길을 걷다가 멈춰 선 꼬마는 엄마의 치맛자락을 당기며 속삭였다.
"쉿~"
태극기가 보이지 않아 근처 학교를 향해 멈춰 섰던 엄마는 손가락을 입에 갖다 댄다. 애국가가 연주되는데도 계속 길을 걷던 남자는 노래가 멈추자마자 근처 골목길에서 뛰어나온 경찰의 제지를 받았다.
아이들은 저축하는 일에도 앞장섰다. 아이들은 모두 어린이 통장을

만들었고, 은행 직원이 학교로 나와 아이들이 들고 온 저금통 속 돈을 꺼내 일일이 세어 가며 통장에 숫자를 적어 주었다. 매달 학급 학생들이 저축한 액수를 그래프로 그려 교실 뒷벽에 붙이기도 했다. 학비도 없는 형편에 저축은 엄두도 못 내는 아이들은 얼굴을 붉히며 남몰래 눈물을 찔끔거렸다.

쌀가마니를 갉아먹어 쌀을 축내는 쥐를 잡는 것도 학생들 몫이었다. 학교에서는 몇 달에 한 번씩 날을 정해 아이들에게 쥐 꼬리를 가져오도록 했다. 쥐를 많이 잡은 아이는 상과 상품까지 푸짐하게 받았다.

"야! 넌 몇 개 가져왔냐?"

"5개. 너는?"

"에잇, 나는 원래 6갠데, 동네 고양이가 내가 모은 거 2개를 물고 가 버렸어."

정부가 쌀을 아껴서 식량을 자급하자는 정책을 내세울 때는 선생님이 날마다 도시락을 검사했다. 보리나 좁쌀 같은 잡곡을 넣어 밥을 짓도록 요구하고, 하얀 쌀밥으로 도시락을 싸 온 학생에게는 벌을 주었다.

가족계획을 홍보하는 것도 학교의 몫이었다. 집집마다 평균 6명이던 자녀의 수를 2명까지 낮추자는 것도 '경제 개발 계획'의 내용 가운데 하나였다. 아이들은 "덮어놓고 낳다 보면 거지꼴을 못 면한다."는 식의 표어를 가슴에 달았다. 아이들의 형제 수를 조사하는 것도 학교가 하는 일이었다.

심지어 치마 길이까지 국가가 통제했다.

"삑삑~! 거기 아가씨! 그 자리에 섯!"

가족계획 포스터
인구 증가율을 억제하기 위해 박정희 정권이 국가 시책으로 시작한 가족계획은 큰 성과를 거두었다. 세계 제일의 저출산 국가가 되어 출산 장려 정책을 펼치고 있는 지금의 상황과는 대조적이다.

혼분식 장려 운동
1970년대에는 쌀이 부족해 혼분식 장려 운동으로 이를 이겨 내고자 했다. 혼분식 운동은 쌀에 보리나 콩을 섞어 먹거나 밀가루 음식을 먹자는 운동을 말한다.

호루라기를 불며 쫓아가는 경찰관을 못 본 체하며 짧은 미니스커트와 롱부츠로 멋을 낸 아가씨가 발걸음을 재촉했다. 경찰이 따라가 아가씨의 팔을 낚아채자마자 아가씨는 울상이 되었다.

"아저씨, 바로 앞이 저희 집이에요. 얼른 들어갈게요, 한 번만 봐주세요. 네?"

경찰은 다짜고짜 기다란 자를 아가씨의 무릎에 대고 치마 끝까지의 길이를 쟀다.

"이것 봐요, 아가씨. 20센티미터잖아. 이거 법에 걸리는 거 몰라? 무릎 위 15센티 이상이면 처벌이라고! 자, 갑시다."

정부에서는 여성들이 미니스커트를 입지 못하게 금지 명령을 내렸다.

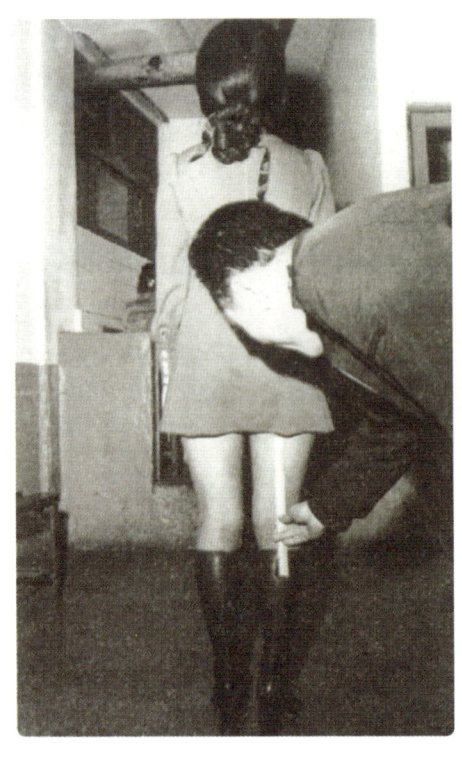 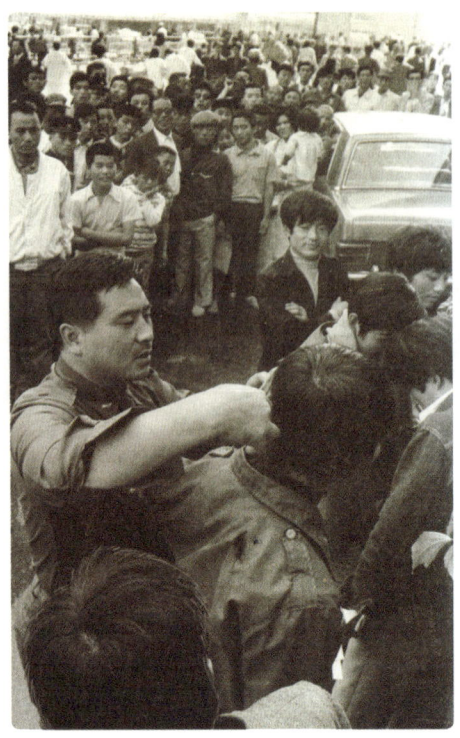

미니스커트와 장발 단속
박정희 독재 정권은 경찰을 동원해 가위와 자를 들고 장발과 미니스커트를 단속하게 했다. 많은 국민은 독재 정권의 이런 문화 정책을 잘못이라 생각했다.

치마를 짧게 입으면 우리의 아름다운 풍속을 해친다는 것이다. 자를 들고 길목을 지키는 경찰에 걸린 여성들은 경찰서로 가서 벌금을 내는 등 처벌을 받았다.

남자들 사이에서는 통이 넓은 청바지를 입고 머리를 길게 기르는 것이 유행이었는데, 이 또한 단속 대상이었다. 경찰들은 대로변에 서 있다가 머리카락이 어깨에 닿는 사람을 잡아 그 자리에서 강제로 머리를 깎았다.

국가 정책을 비판한다고 생각되는 유행가까지 단속하고 금지했다. 가수 송창식이 부른 〈왜 불러〉도 그런 곡이었다. "왜 불러, 왜 불러, 돌아서서 가는 사람을 왜 불러~"로 시작되는 이 노래는 〈바보들의 행진〉이라는 영화에서 주인공이 장발 단속을 피해 가는 장면의 배경 음악으로 쓰였는데, 영화가 개봉되자 마자 바로 금지곡이 되었다.

> 저 들에 푸르른 솔잎을 보라
> 비바람 맞고 눈보라 쳐도
> 끝내 이기리라.

사람들의 눈시울을 젖게 하는 노래 〈상록수〉도 별다른 이유 없이 금지곡이 되었고 같은 가수가 부른 〈아침 이슬〉은 '허무한 생각을 불러일으킨다.'는 이유로 금지되었다.

옷을 입을 때도, 노래를 부르거나 영화를 볼 때도, 누구나 "괜찮을까?" 하고 한 번쯤 생각해 봐야 하는 시대, 그것이 유신 시대였다.

세계 속의 한국인

소년의 눈물

경식은 일제 강점기에 노동자로 일본에 건너온 조선인 부모님 사이에서 태어난 재일 조선인이다. 형이 셋에다 누이동생이 하나 있었고, 고국으로 돌아가지 못한 조선인들이 모여 사는 교토 변두리 마을에 살고 있었다.

하지만 경식은 늘 '평범한 일본인 어머니'가 자신을 찾으러 왔으면 하고 바랐다. 또래 친구들이 조선인을 멸시할 때면 더욱 그랬다. 조선인으로서의 긍지가 없었던 것은 아니지만, 전쟁 후 일본에서 조선인으로 살아간다는 것은 왠지 위축되는 일이었다.

1학년 영어 시간. 일본인 친구들은 선생님의 말을 따라하고 있었다.

"아이 아무 쟈빠니~즈 (I am a Japanese)."

차례가 다가오자 경식은 온몸이 굳어 버렸다. 선생님이 재촉하며 화를 냈다.

"너, 왜 그래? 간단한 문장이잖아?"

"저, 저는 일본인이 아니라……."

경식은 아직 '조선인(Korean)'이란 단어를 몰랐던 것이다.

"수업 시간에 무슨 쓸데없는 생각이야! 시키는 대로 해야지. 다음!"

그날 이후 경식은 친구들과 자기 사이에 건널 수 없는 강이 있다는 생각을 했다. 어릴 때부터 잘 먹고 잘 자라키가 경식보다 한두 뼘쯤 더 큰 일본인 학생들 속에서, '나는 이들과 다르다.'는 생각을 한 것이다. 그리고 자신이 조선인을 대표한다는, 조그마한 긍지도 함께 느꼈다.

서경식
재일 조선인 2세로, 일본 도쿄게이자이 대학의 교수이다. 1995년에 《소년의 눈물》로 일본 에세이스트 클럽상을 받았으며, 재일 조선인의 인권을 지키기 위해 노력하고 있다.

어엿한 대학교수가 되어 환갑도 넘긴 경식은 아직도 재일 조선인의 처지를 생각하면 가슴이 메인다. 지금도 여전히 재일 조선인은 일본 사회 안에서 온갖 차별과 폭력을 겪고 있기 때문이다.

"스파이의 자식들! 조선 학교를 일본에서 몰아내자!"

"일본인의 세금을 조선인 교육에 쓸 수는 없다!"

며칠 전에도 조선 학교 앞으로 몰려온 일본인들이 차마 입에 담지 못할 말들을 쏟아 냈다. 10여 년 전처럼, 등교하는 조선인 여학생들의 치마저고리를 찢어 버리는 폭행 사건은 거의 사라졌지만, 일본 정부는 한국어와 한글, 한민족의 역사를 가르치는 조선 학교를 정식 학교로 인정하지 않고 있다. 따라서 학생들도 국가의 지원을 받지 못하고 대학 진학과 취업에서도 불이익을 당해야 한다.

재일 조선인들은 한반도에 남한과 북한 어느 쪽도 국가를 세우지 못했을 때 외국인 등록을 강요당했다. 대부분은 '우리는 조선 민족이니까.'라며 조선을 자신의 국적으로 등록했다. 그리고 조선 학교를 세워 민족 교육을 이어 왔다.

경식은 자신이 어릴 때 느꼈던 마음속의 눈물을 지금의 아이들에게는 흘리게 하고 싶지 않다. 그래서 그는 지금도 식민 지배와 조선인 차별의 부당함을 주장하며 재일 조선인의 인권을 지키기 위해 일본 사회를 향한 목소리를 높이고 있다.

1980년

- **1980년** 5·18 민주화 운동
- **1982년** 야간 통행금지 해제, 프로 야구 출범
- **1983년** 이산가족 생방송

1985년

- **1987년** 6월 민주 항쟁
- **1988년** 제24회 서울 올림픽 개최
- **1989년** 남북 총리 회담

3 민주화와 남북의 화해 협력

2000년
- 2000년 남북 정상 회담 개최
- 2002년 한·일 월드컵 공동 개최

1990년
- 1991년 남북한, 유엔 동시 가입
- 1994년 김일성 사망
- 1995년 지방 자치 선거 전면 실시
- 1997년 외환 위기로 IMF 자금 지원 받음

민주주의를 위한 노력

짧았던 서울의 봄

1979년 10월, 박정희 대통령이 죽은 뒤 국무총리였던 최규하가 대통령 역할을 대신 맡았다. 사람들은 독재자가 사라졌으니, 이제 민주주의가 실현될 것이라고 믿었다. 12월 12일, 전두환과 노태우 등의 신군부 세력이 18년 전의 박정희처럼 쿠데타를 일으켜 군대 지휘권을 차지했을 때만 해도 민주주의로 가는 흐름을 막을 수 없으리라 믿었다.

1980년 봄이 되었다. 유신 체제 때 감옥에 갇혔던 사람들은 풀려났고, 쫓겨났던 학생들도 학교로 돌아왔다. 정치인들은 새 헌법을 만들기로 합의했고, 대통령이 된 최규하도 하루빨리 새로운 정부를 만들겠다고 약속했다. 쿠데타를 일으킨 군인들에게 제자리로 돌아가라고 요구하는 국민들의 목소리도 날이 갈수록 커져 갔다.

유신 정권 반대에 앞장섰던 대학생들이 다시 거리로 쏟아져 나왔다. 지식인들도 그 뒤를 이었다.

"전두환은 물러가라!"

"비상계엄을 해제하라!"

"헌법을 개정하라!"

그러나 봄은 끝내 오지 않았다.

5월 17일, 신군부 세력은 국회를 해산하고 김대중을 비롯한 정치인과 학생, 민주화 운동의 지도자들을 잡아 가뒀다. 계엄령을 전국으로 확대해 시내 한복판에 탱크를 배치하고 거리 곳곳에 군인들을 세웠다. 대학은 다시 문을 닫았다.

5·18 민주화 운동

5월 18일, 광주 전남대학교의 교문은 굳게 닫혔고, 군인들이 그 앞을 지켰다. 학교에 들어가지 못한 학생들은 결국 교문 앞에서 항의를 하며 구호를 외치기 시작했다.

"휴교령을 철회하라!"

"계엄군은 물러가라!"

갑자기 돌격 명령이 떨어졌다. 군인들이 학생들을 해산시키려 달려들었다. 최강의 전력을 자랑하는 공수 부대 대원들이 달아나는 학생들을 쫓았다. 그들은 학생과 시민, 남녀노소를 구별하지 않고 닥치는 대로 때리며 끌고 갔다.

광주 시민들은 나라와 국민을 지켜야 할 국군이 오히려 국민을 폭행한다는 사실을 믿을 수 없었다. 그러나 신군부 세력은 자신들에게 반대하는

 이들은 누구든 강경하게 진압할 작정이었다. 모든 사람이 겁을 먹고 입을 다물게 할 속셈이었다.
 광주로 들어오는 공수 부대의 수는 점점 늘어 갔고, 진압은 더욱 무자비해졌다. 거리 곳곳에서 학생들과 시민들이 피투성이가 되어 쓰러졌다. 보다 못한 중년의 아주머니가 확성기를 들고 외쳤다.
 "나는 공산당도 아닙니다. 난동자도 아닙니다. 단지 선량한 광주 시민의 한 사람일 뿐입니다. 아무 죄 없이 우리 학생, 시민들이 죽어 가는 것을 더 이상 바라보고 있을 수만은 없습니다. 우리 모두 나섭시다. 학생들을 살립시다. 계엄군을 물리치고 우리 스스로 광주를 지킵시다."
 광주 시민들은 돌과 각목을 들고 군인들의 폭력에 맞섰다. 시위에 참가하는 시민의 수가 갈수록 늘었다.

　5월 21일, 전남 도청 앞에서 수만 명의 시민이 모여 구호를 외치며 군인들과 대치하고 있었다. 택시와 버스 기사들도 차량을 세워 놓고 시위에 가담했다. 오후 1시, 갑자기 총성이 울렸다.
　"타타타타타타타……."
　사격은 10분간 계속되었고, 수많은 시민이 총에 맞아 그 자리에서 죽었다. 당시 광주 시내 120여 개의 개인 병원과 3개의 종합 병원에는 사상자들이 밀려들어 병실 바닥과 복도에까지 응급 환자들이 가득 했다.
　광주 시민들은 이제 살아남기 위해, 가족과 이웃을 지키기 위해 싸워야만 했다. 총을 들고 무자비하게 학살하는 군인들에 맞서기 위해 경찰서와 예비군 본부로 달려가 무기를 마련했고, 광산으로 달려가 폭약을 구했다. 그들은 스스로를 시민군이라 불렀다. 그날 오후 시민군은 도청을

민주 항쟁의 중심지, 금남로
항쟁 기간 동안 많은 시위와 집회가 여기에서 있었는데, 군인들이 집단적으로 총을 쏘아 수많은 사람이 희생된 곳이기도 하다.

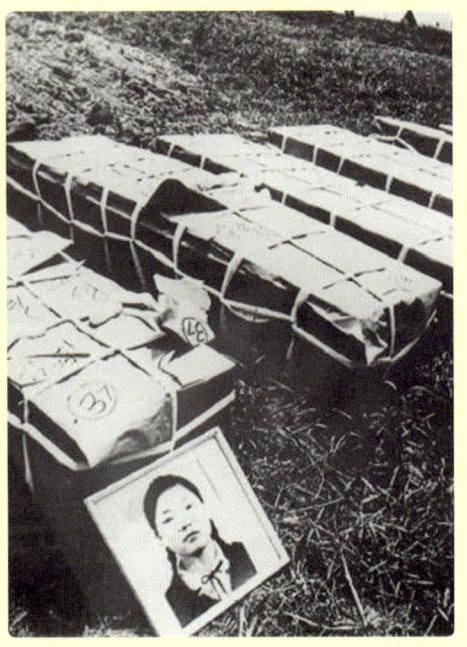

국립 5·18 민주 묘지
1980년 5월 29일, 5·18 민주화 운동으로 희생된 129명의 장례식이 거행된 망월동은 이후 5·18 민주화 운동을 상징하는 장소가 되었다.

손에 넣었다.

그러자 공수 부대는 광주 시내에서 물러갔다. 대신 광주에서 다른 지역으로 통하는 모든 길목을 막았다. 언론은 철저히 통제되어 "불순 세력과 간첩이 광주에 들어와서 폭력을 선동하고 있다."는 계엄 사령군의 발표를 그대로 전하며 광주에서 폭도들이 날뛰고 있다고 보도했다. 광주에서 벌어진 잔인한 학살극을 다른 지역 사람들은 제대로 알 수 없었다.

군인들이 물러가자, 시민들은 도시를 청소하고 부상자를 치료하면서

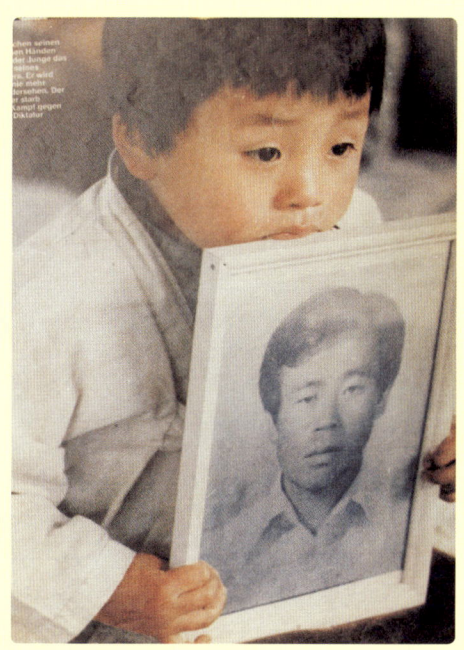 

아버지의 영정을 든 아이
5·18 민주화 운동 당시, 총에 맞아 숨진 아버지의 사진을 들고 있는 아이의 모습이다. 해외 언론에 소개되어 광주의 비극을 전 세계에 알렸다.

5·18 민주화 운동을 소재로 한 영화
2007년에 개봉되어 많은 사람의 심금을 울렸다. '화려한 휴가'는 5·18 광주 민주화 운동 당시 계엄군의 비공식적인 작전명이었다고 한다.

평화적으로 사태를 마무리하려고 했다. 무기도 대부분 거둬들였다. 시민들은 대표단을 만들어 군부대를 찾았다.

"구속된 학생과 시민을 모두 풀어 주시오."

"피해를 입은 사람들에게 보상을 해 주시오."

그러나 군인들은 무조건 해산하라고 할 뿐 아무런 약속도 해 주지 않았다. 군인들은 이미 시민들을 강제로 해산시킬 준비를 다 끝낸 상태였다.

시민들은 엄청난 일을 저지르고도 사과조차 하지 않는 군인들의 태도에 분노했다. 군인들이 곧 쳐들어온다는 사실을 알았지만, 시민들은 집으로 돌아가지 않았다. 사과를 받고 배상하겠다는 약속을 받을 때까지 싸워야 한다고 생각했다.

"오늘 밤 군인들이 쳐들어올 겁니다. 그러나 우리는 돌아갈 수 없습니다. 먼저 죽은 우리 형제들의 목숨이 억울해서라도 우리의 투쟁을 이렇게 끝낼 수는 없습니다. 우리는 최후까지 이곳을 지킬 것입니다. 우리를 기억해 주십시오."

5월 27일 새벽 4시, 도청을 지키던 시민군을 향해 총탄이 쏟아졌다. 공수 부대 특공 대원들이 도청을 공격했다. 항복하는 시민들을 향해서도 총격은 계속되었다.

신군부의 쿠데타에 반대하고, 군인들의 폭력으로부터 스스로를 구하려던 광주 시민의 외로운 투쟁은 그렇게 끝났다. 이 열흘 동안 목숨을 잃은 사람이 200명이 넘고, 다친 사람은 3000명에 가까웠다.

이후 민주주의를 되찾으려는 노력은 끈질기게 계속되었고, 그 투쟁의 출발선에 언제나 5·18 민주화 운동이 있었다. '광주 학살의 진상을 규명하라!'는 외침은 '살인 정권 물러가라!'는 구호로 이어져 독재 정치를 무너뜨리는 도화선이 되었다.

땡전 뉴스와 제5공화국

광주 시민들이 흘린 피를 밟고 신군부는 권력을 차지했다. 자신들에게 반대하는 사람들을 가차 없이 제거했다. 사회를 깨끗이 한다는 구실로

'사회 정화 운동'을 벌여 공무원, 언론인, 교수, 노조 위원장 등을 자리에서 쫓아냈다. 그들 중에는 신군부에 반대하는 민주 인사가 상당수 끼어 있었다.

또한 폭력배를 없앤다는 명목으로 2만여 명이나 되는 사람을 삼청 교육대라는 곳에 보내 고된 훈련을 시키고 비인간적으로 대우해 많은 사람이 고통을 받았다. 아무런 이유 없이 끌려간 사람도 무수히 많았다. 말 한 마디 잘못하면 목숨을 잃거나 소리 소문 없이 사라질 수도 있었다.

살벌한 분위기가 감도는 가운데 쿠데타의 주역인 전두환이 대통령이 되었다. 언론은 그를 칭송하기에 바빴다.

"잠시 후 9시를 알려 드리겠습니다. 뚜뚜뚜 땡~ 전두환 대통령 각하께서는 오늘……."

뉴스는 거의 매일 이렇게 시작되었다. 사람들은 '땡~' 정각을 알리는 소리와 함께 전두환 뉴스를 내보낸 KBS 9시 뉴스를 '땡전 뉴스'라 부르며 비꼬았다.

정권은 일부 방송을 없애고, 방송사 사장을 자기 마음에 드는 사람으로 임명하더니, 아예 '보도 지침'을 만들어 언론을 통제했다.

- ○○ 소식은 싣지 말 것.
- ○○ 소식은 보도하되 사진은 싣지 말 것.
- ○○ 소식은 3~4단 크기로 싣되, 스케치하는 방식이 아니라 해설 형식으로 실을 것.

프로 야구 개막
1982년, 프로 야구가 출범했다. 지금은 국민적인 스포츠로 자리 잡았으나, 당시에는 독재 정치를 이어 가기 위해 국민의 정치적 무관심을 조장하려는 의도도 있었다.

    이런 식의 지침을 어긴 신문사는 곤욕을 치렀다.
    정치적 무관심을 조장하거나 독재에 대한 비판을 줄이기 위해 약간의 자율화 정책이 이뤄졌다. 36년이나 계속되었던 야간 통행금지가 풀렸으며, 해외여행도 자율화되었다. 프로 야구가 시작되었으며 영화 산업도 발달했다.
    학생들의 교복이 없어지고 머리 모양도 자율화되었다. 망국병이라 불리던 과외는 전부 금지되었고, 학원도 나라에 등록한 예체능 학원과 재수생 학원을 제외하고 모두 문을 닫았다.
    국제 유가가 낮아지는 등 나라 밖 환경이 좋아지면서 경제도 '단군 이래 최대의 호황'을 이뤘다. 1970년대 경제 성장 노력의 열매가 이제 중산층에게도 돌아가기 시작했다.

이를 통해 전두환 정권은 독재와 부정부패를 가릴 수 있을 거라 생각했는지도 모른다. 그러나 아무리 덮으려 해도, 진실을 알리고 잘못을 고치려는 노력을 막을 수는 없었다. 민주주의를 되찾으려는 국민들의 노력이 끊임없이 이어졌다.

대통령을 국민의 손으로 뽑기 위한 노력과 시련

많은 학생과 시민이 광주의 비극을 입에서 입으로 전해 들었다. 1980년 5월 광주에 있던 외국인이 촬영한 영상이 해외에서 상영되고 복사본이 국내로 들어오면서 떠돌던 소문의 실체가 드러났다.

"광주 학살의 진상을 밝혀라! 살인자 전두환은 물러나라!"

진실을 알게 된 대학생들이 먼저 들고일어났다. 종교인이나 지식인을 비롯한 국민들이 시위에 동참했다. 시위에 나선 이들은 가혹한 탄압을 받았고, 모진 고문을 당했다. 민주화 운동을 하다가 온데간데없이 사라진 사람, 의문의 죽음을 맞은 사람도 많았다. 그때마다 경찰이나 정보 기관이 개입되었다는 소문이 돌았다.

시위에 나선 사람들은 민주주의를 지키려다 세상을 떠난 분, 부상의 고통 속에서 신음하는 이들을 기억하면서 용기를 냈다. 자신이 앞장설 테니 다른 이도 따라와 달라고 노래 불렀다.

> 사랑도 명예도 이름도 남김 없이
> 한평생 나가자던 뜨거운 맹세
> 동지는 간 데 없고 깃발만 나부껴
> 새날이 올 때까지 흔들리지 말자.……
>
> — 〈임을 위한 행진곡〉 일부

정치인들도 독재에 맞서 싸웠다. 신군부는 1980년에 김영삼을 집 밖으로 나오지 못하게 하고, 김대중에게는 반란을 모의했다는 누명을 씌워 사형을 선고했다가 미국으로 내쫓았다.

1985년에는 국회 의원 선거가 있었다. 김대중과 김영삼은 함께 신민당을 만들고, "헌법을 바꾸겠습니다. 대통령을 국민이 직접 뽑아야 합니다."라고 주장했다. 국민들은 신민당의 주장을 절대적으로 지지했다. 신민당은 선거에서 큰 승리를 거뒀고 이후 학생, 시민과 야당은 헌법을 바꾸기 위해 협력했다.

전두환과 신군부 세력은 "국민이 원한다면 헌법을 개정하겠다."고 약속했지만 여전히 권력을 내놓을 생각이 없었다. 전두환 정권은 한쪽에서 야당과 새 헌법을 의논하면서도, 또 한편으로는 독재 정권에 용기 있게 맞서는 학생과 시민 단체를 탄압했다.

학교 안에서 열린 대학생 집회를 진압한 뒤 참가자 1000여 명을 한꺼번에 구속하는 일도 있었다. 시위에 참가할 것 같은 학생은 여러 구실을 붙여 미리미리 잡아 가두기까지 했다.

> 지난 14일, 경찰의 조사를 받던 서울대생 박종철 군이 쓰러져 병원으로 옮겼으나 숨졌습니다. 경찰은 수배된 박 모 군의 소재를 박종철 군에게 물으면서 책상을 세게 두드리는 순간, 의자에 앉은 채 갑자기 '억!' 하는 소리를 지르며 쓰러졌다고 밝혔습니다. 고문 의혹에 대해서 경찰은 '당시 수사관의 가혹 행위는 절대로 없었다.'고 답했습니다.

1987년 1월, 뉴스를 보던 시민들은 모두 할 말을 잃었다.

"탁 치니 억 하고 죽었다니, 저게 말이 되는가?"

"해도 해도 너무하는군."

경찰의 고문 살인을 비판하는 시위
경찰의 가혹한 고문으로 사망한 대학생 박종철의 영정 사진을 들고 독재 정권을 비판하는 시위를 벌이고 있다. 6월 민주 항쟁은 이 운동의 연장선에서 일어났다.

그러나 용기 있는 한 의사의 제보로 정부의 해명이 거짓임이 온 천하에 드러났다. 사건의 파장이 커지자 경찰은 발표문을 번복했다.

> 박종철은 주요 수배자 박종운의 소재를 알고 있음이 확실한데도 진술을 거부했다. 박종철로부터 사실을 알아내기 위한 위협 수단으로 머리를 욕조 물에 밀어 넣는 과정에서 목 부위가 욕조 턱에 눌려 질식 사망했다.

박종철은 경찰의 가혹한 물고문으로 세상을 떠났으며, 그가 세상을 떠난 뒤에 경찰은 이를 감추기 위해 정부 차원에서 거짓을 조작한 것이다.

사람을 죽여 놓고 반성조차 하지 않는 정권에 대해 국민들은 참을 수 없는 분노를 느꼈다. 학생들은 서울대학교에 모여 추모식을 했고, 서울 명동 성당에서는 '박종철 군 추도와 고문 근절을 위한 미사'를 올렸다. 그리고 책임자 처벌을 요구하는 시위를 벌였다.

"박종철을 살려 내라!"
"살인 정권 물러나라!"
"독재 타도! 민주 쟁취!"

시위를 지켜보던 사람들은 이 구호에 박수를 치며 호응했다. 그리고 하나둘 거리로 나와 시위대에 동참했다.

그러나 전두환은 끝내 국민의 뜻을 받아들이지 않았다. 4월 3일 헌법을 개정하지 않겠다고 선언했고(4·3 호헌 조치), 국민들은 헌법 개정을 요구하는 시위를 계속해 나갔다.

6월 민주 항쟁과 명동 성당

서울 명동에는 고딕 양식으로 지은 멋진 성당이 있다. 명동 성당은 서슬 퍼런 군사 독재 정권 시절에도 유신 체제에 반대하고 민주주의를 요구하는 선언을 했으며, 권력에 희생된 사람들을 추모하는 미사를 열었다.

1987년 6월 민주 항쟁의 중심에도 명동 성당이 있었다. 6월 10일, 서울 시내 곳곳에서 최루탄에 맞서 싸우던 시민들은 밤이 되자 명동 성당으로 집결했다. 1000명이 넘는 사람이 명동 성당 안에서 농성을 시작했고, 50명의 신부가 농성에 가담했다.

시민들은 라면과 옷가지 등을 전달하며 그들을 지지했다. 정권이 경찰을 투입해 이들을 강제로 끌고 가려 하자 당시 김수환 추기경은 "안 된다. 나를 밟고 지나가라."며 강하게 저지했다. 결국 경찰은 철수하고 시민들은 대통령 직선제를 이끌어 냈다.

1970년대와 1980년대에 명동 성당은 권력의 폭력에 굴복하지 않고, 힘없는 사람들에게 문을 열고 그들을 보호하는 데 앞장섰다. 그래서 사람들은 명동 성당을 '민주화 운동의 성지'라고 불렀다.

1987년 6월 10일 명동 성당 시위 모습
헌법 개정과 독재 타도를 요구하는 국민들의 함성이 치솟았다.

1987년 6월 10일, 전두환은 노태우를 다음 대통령 후보로 지명했다. 노태우는 마치 대통령이라도 된 듯 기쁨의 눈물을 흘렸다. 그러나 행사장 밖에서는 군사 독재의 연장을 거부하는 국민적 항쟁이 시작되었다. 이날부터 20일 가까이 전국을 뒤흔들었던 민주주의 함성을 '6월 민주 항쟁'이라 부른다.

6월 민주 항쟁, 민주주의 시대를 열다

"댕, 댕, 댕~"
　　1987년 6월 10일 정오가 되자 전국의 수많은 성당과 교회에서 종소리가 울려 퍼졌다. 거리를 달리던 수많은 차량은 경적을 울려 시위에 참가하는 이들과 한뜻임을 보여 주었다.
　　거리는 '독재 타도, 민주 쟁취'를 외치는 시민 함성으로 가득 찼다. 수많은 경찰이 최루탄을 쏘면서 시위를 해산시키러 나섰으나, 시간이 지날수록 시위대의 수는 더욱 늘어났다. 저녁이 되자 직장 문을 나선 회사원들이 넥타이를 맨 채 양복을 벗어 손에 들고 거리로 나서 시위에 가담했다. 서울과 부산 같은 대도시를 비롯해 전국에서 이날 하루 100만 명 가까운 사람이 거리 시위에 참여했다.
　　경찰은 마구 최루탄을 쏘아 댔으며, 학생과 시민을 사정없이 때렸다. 하루 전날인 6월 9일 연세대학교 정문 앞에서 경찰이 쏜 최루탄을 머리에 맞고 병원에 실려 간 연세대 학생 이한열 군이 사경을 헤맨다는 소식에 국민들은 다시 한 번 분노했다.

시위대는 최루탄을 쏘지 말라고 요구하며 평화 시위를 벌였다. 노인들이 시위대 맨 앞에 나섰고, 진압 경찰의 어머니 나이쯤 되는 분들이 최루탄을 쏘는 경찰의 가슴에 꽃을 달았다.

시위는 날마다 이어졌고, 전국 주요 도시는 '독재 타도'의 함성으로 가득 찼다. 20일 가까이 시위가 이어지면서 500만 명이 넘는 국민이 시위에 참가했다.

전두환 정권은 몇 번이고 군대를 투입하려 했다. 1979년의 부산과 마산처럼, 1980년의 광주처럼 탱크를 몰고 강제 진압에 나서겠다는 것이었다. 그러나 그들도 전국에서 일어선 수백만 명의 국민이 두려웠다.

결국 1987년 6월 29일, 노태우는 국민의 뜻에 따르겠다고 선언했다.

대학생 이한열의 장례식
1987년 7월 9일, 6월 민주 항쟁 도중 최루탄에 맞아 숨진 대학생 이한열의 장례식이 치러진 시청 앞에 수많은 시민이 모여 있는 모습이다.

"이제 대통령을 국민이 직접 뽑도록 하겠습니다. 구속된 사람, 정치 활동을 금지시켰던 사람들을 다 풀어 드리겠습니다."

드디어 독재자들이 국민 앞에 머리를 숙인 것이다.

소식을 전해 들은 어느 찻집 주인은 유리창에 "오늘은 기쁜 날입니다. 오늘 찻값은 받지 않습니다."라고 써 붙였다. 시민들은 승리를 축하하며 기쁨을 함께 나눴다.

7월이 되면서 학생과 시민들은 학교와 직장으로 돌아갔다. 그리고 자신이 생활하는 곳을 민주적으로 바꾸기 위한 또 다른 활동을 시작했다.

"두발 규제를 폐지하라!"

"일하다 다친 사람을 제대로 치료하라!"

"회사 뜻대로 움직이는 어용 노조는 물러가라!"

경제가 빠른 속도로 발전했는데도, 국가나 기업은 노동자의 권리를 충분히 보장해 주지 않았다. 경제가 성장하고 기업이 커 나가는 동안 노동자들은 법에 명시된 권리조차 보장받지 못했다.

노동자에게는 노동조합을 만들어서 일터의 환경이나 임금에 대해 경영자와 협상을 할 권리가 있었다. 뜻이 받아들여지지 않으면 단체 행동을 할 권리도 있었다. 엄연히 법으로 다 보장된 이 권리를 독재자들은 부정했고, 권리를 주장하는 사람을 공산주의자로 덮어씌우고 탄압했다.

6월 민주 항쟁 이후 많은 노동자가 자신의 권리를 찾기 위한 싸움을 벌였다. 울산과 부산의 노동자들이 가장 먼저 거리로 나섰다.

"민주적인 노동조합을 만들자!"

"노동자의 권리를 인정하라!"

7월부터 9월까지 전국 곳곳에서 노동조합이 만들어졌다. 울산의 배 만드는 공장이나 자동차 공장의 노동자, KBS나 MBC 같은 언론사의 직원, 연구소의 연구원들도 노동조합을 만들었고, 농민이나 도시 빈민들도 각각 단체를 만들었으며, 여성들은 여성 차별을 폐지하기 위한 단체를 만들었다. 이들은 뜻을 모아 자신들의 일터를 바꾸고 스스로의 권리를 찾아 나가는 활동을 벌였다.

　드디어 1987년 12월, 국민들은 대통령을 직접 뽑았다. 야당 후보가 여럿 나왔기 때문에 표가 분산되면서 신군부를 이끌었던 여당 후보 노태우가 대통령에 뽑혔다. 그러나 곧이어 치러진 국회 의원 선거에서 국민들은 야당 후보를 열렬히 지지했고, 야당은 대승리를 거뒀다. 이제 국민의

서울 올림픽 개최
아시아와 세계의 이목이 한국에 집중된 가운데, 서울 아시안 게임(1986년)과 서울 올림픽(1988년)이 성공적으로 개최되었다.

대표인 국회의 이름으로 그동안의 잘못을 고칠 수 있게 되었다.

1988년 9월에는 역사적인 서울 올림픽이 열렸다. 국민들은 세계 어느 나라보다 빠르게 경제를 일으켰고, 민주 정치를 이룩했다는 자부심을 갖고 세계적인 축제를 훌륭하게 치렀다.

평화적인 정권 교체를 이루다

자유로운 선거를 통해서 대통령과 국회 의원을 뽑게 된 이후에도 우여곡절은 많았다. 그러나 민주주의 시대가 열렸다는 점은 아무도 부정하지 못했다. 1992년 대통령 선거에서는 오랜 세월 동안 야당 지도자로 활동한

김영삼 대통령
1992년 대통령 선거에서는 오랫동안 야당 국회 의원을 지낸 김영삼이 여당으로 소속을 옮긴 뒤 대통령에 당선되었다.

김대중 대통령
1997년 대통령 선거에서는 야당 출신의 김대중 대통령이 당선되면서, 대한민국 수립 이후 최초로 선거를 통해 정권 교체를 이뤘다.

김영삼이 대통령에 당선되었다. 이로써 박정희의 쿠데타 이후 31년간 계속된 군사 정권을 끝내고 민간 정치인이 대통령이 되었다.

1997년에는 오랜 세월 동안 민주화 운동을 이끌었던 야당 후보 김대중이 대통령으로 당선되었다.

김대중은 대통령 취임사에서 "정부 수립 50년 만에 처음 이뤄진 여야 간 정권 교체를 여러분과 함께 기뻐하면서 온갖 시련과 장벽을 넘어 진정한 '국민의 정부'를 탄생시킨 국민 여러분께 찬양과 감사의 말씀을 드리는 바입니다."라며 감격적인 인사를 전했다.

민주주의는 조금씩 진전되었다. 사람들은 6월 민주 항쟁으로 헌법을 고치면서 민주주의가 완성된 것으로 생각했지만, 민주주의는 하루아침에 이뤄지는 것이 아니었다.

독재를 물리치기 위해 수많은 피를 흘렸던 것처럼, 민주화를 지키고 더 많은 민주주의를 이루기 위해서는 지속적인 노력과 의지가 필요하다는 것을 사람들은 경험을 통해 알게 되었다.

남과 북이 만나다

30년 만에 이뤄진 이산가족의 만남

"누가 이 사람을 모르시나요. 얌전한 몸매에 빛나는 눈~"이라는 가사의 애절한 노래가 텔레비전에서 흘러나왔다. 서로 부둥켜안고 우는 사람들 옆에서 '맞답니다. 맞아요! 찾았습니다.'를 외치는 아나운서의 떨리는 목소리가 들렸다.

  1983년 6월, KBS 방송국에서 이산가족 찾기 생방송을 시작했다. 전쟁 중에 헤어진 가족들의 사연이 매일 방송을 타고 전해졌으며, 이를 통해 가족을 만난 사람들의 눈물이 흘러넘쳤다. 진이 엄마는 오늘도 텔레비전에서 눈을 떼지 못하며 그들과 함께 눈시울을 적셨다.

  "엄마, 내가 어제 방송국에 갔다 왔어요. 아버지 찾는다고 이름이랑 귀밑에 점 있는 것까지 다 적어 놓고 왔어요. 혹시 몰라서 방송국 앞 기둥에도 커다랗게 써서 붙여 놓고 왔으니, 조금만 기다려 봐요."

  진이는 벌써 환갑이 넘은 엄마를 위로하며 말했다.

진이 엄마는 전쟁이 끝난 뒤 홀몸으로 진이 남매를 키우고, 행여 남편이 돌아올까 싶어 이사도 가지 않았다. 엄마가 그렇게 사는 것을 당연하게 생각했던 진이였지만, 결혼을 하고 아이를 키우며 살다 보니 엄마가 얼마나 힘든 세월을 살았는지, 또 얼마나 외로웠을지 알 것 같았다.

방송국에는 10만 건이 넘는 이산가족의 신청서가 접수되었다. 그 가운데 5만 3000건이 방송되었고, 1만여 가족이 만났다. 방송국 앞에는 가족의 이름을 적은 팻말을 들고 있는 사람들로 발 디딜 틈이 없었고, 방송국

이산가족 찾기 방송
한국 전쟁이 끝난 지 30년 만인 1983년, 이산가족 찾기 방송이 시작되었다. 헤어진 가족을 찾으려는 사연이 10만 건이 넘었다.

건물의 벽과 기둥, 분수대 안팎은 벽보로 도배가 되었다.

진이 엄마는 혹시나 하는 기대로 하루하루를 보냈다. 집 전화가 울리면 가슴이 두방망이질 쳤다. 방송은 무려 138일 동안이나 이어졌다. 시간이 지나면서 진이 엄마의 기대는 조금씩 실망으로 바뀌어 갔다.

"아무래도 돌아가셨나 보다. 새장가를 가서 연락하지 못하는 건가? 살았는지 죽었는지 소식만이라도 들으면 좋겠는데. 아니면 정말로 전쟁 중에 북쪽으로 끌려갔나?"

방송이 계속되면서 북에 가족을 두고 내려왔던 노인이 자살하는 일도 생겼다. 살아가는 데 바빠서 드러나지 않던 분단의 아픔은 30년이라는 세월이 흐르는 동안 가슴속 깊은 곳에 응어리진 채로 있었던 것이다.

금강산 댐과 평화의 댐

이산가족의 슬픔에 모두 함께 눈물을 흘렸지만, 남과 북의 거리는 너무나 멀었다. '통일은 우리의 소원'이었지만, 통일을 위한 준비와 노력은 별다른 진전이 없었다. 전두환 정부는 자신들의 필요에 따라 통일을 들먹이기도 하고, 정권을 유지하기 위해 북한의 위협을 강조하며 이를 이용하기도 했다.

1986년, 텔레비전 뉴스와 신문에서는 북한이 금강산 댐을 만들어 서울을 물에 잠기게 하려 한다면서 떠들었다. 민주화를 바라는 국민들이 야당과 재야 단체가 진행하는 헌법 개정 운동에 앞다퉈 참가할 때였다.

> 북한은 최근 200억 톤에 이르는 물을 저수할 수 있는 금강산 댐을 건설하고 있는 것으로 알려졌습니다. 만약 이 댐이 무너지거나 의도적으로 한꺼번에 물을 흘려보내면 해발 50미터까지 물이 넘쳐 서울 시내 주요 고층 건물들이 물속으로 사라집니다. 국회 의사당이 급류에 휩쓸리고 63빌딩은 21층까지 물에 잠길 것으로 예상됩니다.

"200억 톤이나 된다면서? 핵무기에 버금가는 위력이라잖아."
"큰일이네. 산꼭대기로 이사 가야 하는 거 아냐?"

정부는 북한의 물 공격을 막기 위해 금강산 댐보다 더 커다란 평화의 댐을 짓겠다면서 모금 운동을 시작했다. 학교나 회사에서 단체로 성금을 걷는 경우가 많았다. 이번에도 어김없이 저금통을 깨서 애써 모은 돈을 내는 어린이들이 줄을 섰다. '멸공 없이 통일 없다!', '금강산 댐 중단하라!'는 반공 궐기 대회가 줄줄이 이어졌다.

그러나 평화의 댐은 결국 제대로 세워지지 않았다. 금방이라도 서울 전체가 물바다가 될 거라고 떠들었는데, 결국 아무 일도 일어나지 않았다. 북한의 위협을 과장해 헌법 개정을 요구하는 국민의 뜻을 억누르려 벌인 일이었음이 나중에 밝혀졌다.

휴전선을 넘은 사람들

분단은 많은 국민에게 가늠할 수 없는 고통을 주었다. 남북으로 흩어진 가족을 수십 년째 만나지 못하는 사람들의 슬픔은 이루 말할 수 없었다. 민주화를 위해 애쓰는 이들은 북한을 지지한다는 누명을 쓰고 크나큰 고통을 당했다. 많은 젊은이가 군대에 가고 또 엄청난 나랏돈을 국방비로 쓰기도 했다. 분단을 극복하는 문제는 더 나은 삶을 위해 꼭 필요한 일이기에, 민주주의가 확대되면서 남북의 화해 협력과 통일을 위한 노력도 활발해졌다.

1988년에 서울에서 열린 올림픽은 대한민국의 국제적 지위를 높이고 세계로 뻗어 나갈 수 있는 좋은 기회였다. 대학생들은 올림픽을 남북한이 공동 개최하자는 운동을 벌였다.

"서울과 평양이 함께 올림픽을 개최합시다. 온 세계 사람들에게 남북이 한 민족임을 보여 줍시다."

대학생 단체인 전대협(전국 대학생 대표자 협의회)은 올림픽을 민족의 축제로 치르자고 제안하면서 남북 대화를 서두르라고 정부에 요구하고 남북 학생 회담을 추진했다.

"남북 단일팀을 만들어 함께 경기할 수 있으면 참 좋으련만……."

"서울과 평양을 오가면서 응원할 수도 있겠다."

"어? 그러면 국기나 국가는 어떻게 하나?"

국민들도 설레는 마음을 감추지 않았다. 성공한 대통령이 되고 싶었던 노태우도 국민의 뜻을 받아들여 "우리는 한 민족입니다. 함께 번영해야 할 하나의 공동체입니다."라는 내용의 특별 선언을 발표하고, 남북이 교류하고 도울 수 있도록 하겠다고 약속했다.

그러나 남북 공동 올림픽이 이뤄지지는 못했다. 올림픽처럼 큰 행사를 함께 치르려면 서로에 대한 믿음이 꼭 필요한데, 그 믿음이 아직 부족했다. 3년 동안 전쟁을 치른 데다 오랫동안 적으로 대립했기 때문이다.

남북이 서로 믿고 대화할 길을 열겠다며 북한을 찾은 이가 있었다. 문익환 목사와 대학생 임수경이었다. 북한을 찾아 김일성 주석과 통일 방안을 협의했던 문익환 목사는, "분단 45년은 민족의 치욕입니다. 남들이 그어 놓은 저 분단선을 없애지 못한 채 분단 50년을 맞아서는 안 됩니다. 내 나이 일흔둘, 남은 삶은 통일을 위해 바치겠습니다."라며 귀국해서 감옥으로 향했다.

전대협의 대표 자격으로 북한을 찾았던 임수경은 남북한 모두의 반대

문익환 목사의 평양 방문
오랜 세월 민주화 운동에 헌신했던 문익환 목사가 김일성과 평화적인 통일 방안을 협의한 뒤 귀국했다. 이후 그는 오랫동안 감옥에 갇혔다.

북한의 학생들과 춤추는 임수경
1989년 6월, 평양에서 열린 세계 청년 학생 축전에 참가하기 위해 북한에 방문한 임수경은 '통일의 꽃'이라 불리며 북한 사람들에게 큰 환영을 받았다.

에도 불구하고, 분단의 상징인 휴전선을 걸어 내려와 휴전선이 없어지기를 바라는 국민의 염원을 표현했다. 두 사람은 정부가 자신의 행위를 인정하지 않을 것이며, 귀국하면 큰 벌을 받는다는 것을 알고 있었다. 그러나 자신을 희생하면서도 남북의 화해 협력과 통일을 바라는 국민의 뜻을 보여 주려 했다는 점에서 감동받은 국민이 많았다.

남북 대화를 위한 정부의 노력

남북이 서로 화해하고 협력하자는 여론은 갈수록 높아졌다. 때마침 우리와 비슷한 시기에 분단된 독일이 1990년에 통일을 이뤘다. 역사적인 독일 통일을 지켜본 우리 국민의 통일 열망을 더욱 뜨거워졌다.

노태우 정부는 한편에서 통일 운동을 탄압하면서도, 통일을 향한 국민의 뜻을 정책에 반영했다. 문익환과 임수경은 여전히 차가운 감옥에 있었지만, 남북 정부의 대표단은 공식적인 대화를 시작했다.

임수경이 휴전선을 걸어서 넘은 지 1년도 채 되지 않아, 북한 총리 일행이 여러 차량에 나눠 타고 휴전선을 넘어 서울을 방문했다. 북한 대표단이 판문점을 넘는 모습, 휴전선을 넘은 차량 행렬이 서울에 들어오는 모습은 전국에 생중계되었다. 수많은 이산가족은 남다른 기대를 갖고 회의를 지켜보았다.

남북 대화는 쉽지 않았다. 그러나 꾸준히 이어져서 얼마 뒤 남쪽 총리가 대표단을 이끌고 북쪽을 방문했고, 그 다음에는 북쪽 대표단이 서울로 왔다.

1991년, 남북 대표단은 기쁜 표정으로 보도진 앞에 서서 〈남북 사이의 화해와 불가침 및 교류 협력에 관한 합의서〉라는 긴 제목의 합의서를 읽었다.

- 남북은 서로의 차이를 인정하고 존중할 것입니다.
- 남북은 서로를 침략하지 않고, 평화적으로 교류할 것입니다.
- 활발한 교류를 통해 남북이 함께 발전할 수 있도록 지혜를 모을 것입니다.

어느 것 하나 간단하게 이뤄질 수 있는 문제는 아니었다. 그러나 읽는 사람도 듣는 사람도 통일에 한 발짝 다가선 감격을 느꼈다.

1992년, 대통령에 당선된 김영삼 대통령은 "어느 동맹국도 민족보다 더 나을 수는 없습니다. 어떤 이념이나 어떤 사상도 민족보다 더 큰 행복을 가져다주지 못합니다."라며 국민의 뜻을 받들어 남북이 화해하고 협력하는 데 앞장서겠다고 취임사에서 밝혔다.

김영삼 대통령은 북한의 김일성 주석과 정상 회담을 하기 위해 준비했다. 그러나 1994년, 김일성이 갑작스레 사망하면서 정상 회담은 이뤄지지 못했다.

기업인의 소 떼 방문
1998년, 북한이 고향인 현대 그룹 명예 회장 정주영이 트럭에 소를 가득 싣고 휴전선 너머 북한을 방문했다.

1997년, 김대중 대통령은 당선된 이후 남북의 화해와 협력을 앞당기기 위해 노력했다. 새 정부는 북한과 대결하기보다 서로 협력하면서 함께 번영할 수 있는 길을 찾으려 했으며 경제적으로 어려움을 겪던 북한을 도왔다. 남한의 대표적 기업인인 정주영이 소 501마리를 데리고 북한의 고향을 찾고 대규모 경제 협력 사업을 추진하도록 했다. 만남이 잦아지고 믿음이 쌓이면서 남북 사이의 대화도 갈수록 확대되었다.

남북 정상 회담이 이뤄지다

　　2000년 6월 13일 평양 순안 공항, 비행기 문이 열렸다. 가볍게 미소를 띤 김대중 대통령은 떨리는 마음으로 활주로를 내려다 보았다. 수많은 인파가 환영의 함성을 지르고 있었다. 한 걸음 한 걸음 비행기에서 내려온 김대중 대통령을 북한의 최고 지도자 김정일 국방 위원장이 맞았다.
　　"반갑습니다. 어서 오십시오."
　　"환영해 주셔서 고맙습니다. 이렇게 오는 데 55년이 걸렸군요."
　　38도선이 생긴 이래 처음으로 남쪽 최고 지도자가 북한을 찾은 것이다. 전쟁도 치르고, 서로를 적으로 여기며 산 지 벌써 55년이었다. 어려서 부모 형제와 헤어졌던 이들이 백발의 노인이 될 정도로 세월이 흘렀다. 두 정상은 두 차례 길고 긴 대화를 나누었다. 두 정상을 따라 온 이들도 저마다 분야별로 깊이 있는 대화를 나누었다.
　　6월 15일 새벽, 두 정상은 수많은 보도진을 불러 모았다. 남북은 물론 세계 각 지역에서 온 언론들 앞에서 합의 내용을 발표했다.

- 우리는 평화적 통일을 염원하는 온 겨레의 숭고한 뜻에 따라 역사적인 회담을 했습니다. 오늘의 만남이 서로를 이해하고 더 좋은 관계를 만드는 첫걸음이 될 것입니다.
- 우리 민족끼리 힘을 합쳐 자주적으로 통일을 이룩할 것입니다.
- 이번 8·15 때에는 이산가족을 만날 수 있게 할 것입니다.
- 오늘 이후 경제 협력과 문화, 체육 등 여러 분야에 걸친 교류를 시작할 것입니다.

김대중 대통령과 김정일 국방 위원장의 만남
김대중 대통령이 평양의 순안 공항에 내렸을 때 김정일 국방 위원장이 반갑게 맞았다. 남북의 지도자가 손잡기까지 55년의 세월이 걸렸다.

6·15 공동 선언이 발표되는 순간 온 나라 사람이 숨을 죽였다. 발표가 끝나고, 김대중 대통령이 김정일 국방 위원장 손을 치켜들자 우레와 같은 박수가 쏟아졌다(제1차 남북 정상 회담).

우리의 소원은 통일

"조금만 기다렸다 떠난다는 게 그만 50여 년이 흘러 버렸습니다."

아들은 이미 할머니가 되어 버린 어머니 앞에 무릎을 꿇었다.

"어디 보자, 어디 보자, 내 아들아. 네가 우리 영남이 맞지?"

"어머니, 죄송해요. 정말 죄송해요……."

2000년 8월 15일, 서울과 평양은 눈물바다를 이뤘다. 50여 년 동안 헤어져 살던 이산가족이 마침내 만난 것이다. 가족도 울고, 곁에 있던 이들도 울고, 방송을 통해 지켜보던 수많은 국민도 함께 울었다.

꿈같은 만남이 끝난 8월 18일, 그들은 기약 없이 헤어졌다. 다시 만날 수 없을 것 같은 마음에 또 많은 이가 눈물을 흘렸다.

그 뒤로 북한의 조선 국립 교향악단이 남북 합동 음악회를 위해 6박 7일 일정으로 서울을 찾았다. 곧이어 끊어진 철도를 연결하기 위한 준비 회담이 열렸고, 북한 교예단이 서울을 찾아 공연했다. 통일을 기원하는 농구 대회와 축구 대회도 열렸다.

사상 처음으로 남북 국방 장관 회담도 열렸고, 경제 협력을 위한 여러 방안이 활발하게 의논되었다.

남과 북은 그 어느 때보다도 가까워졌다. 김정일 위원장의 안경과 머리 모양, 패션이 사람들의 입에 오르내렸고, 사람들은 "반~갑~습~네다. 반갑습네다~", "어젯밤에도 불었네, 휘파람 휘파람~" 같은 북한 가요를 불렀다.

2000년 시드니 올림픽 개막식에서는 남북 선수단이 함께 입장했으며, 2002년 월드컵이 끝난 뒤 부산에서 열린 아시안 게임에는 역사상 처음으로 북한 선수단이 참가했다. 139명의 선수들과 함께 600명에 가까운 북한 응원단도 부산에 도착했다.

북한 배가 보름 동안 부산항에 정박했고, 경기장 주변에는 북한 인공기가 내걸렸다. 남북 선수단은 흰 바탕에 한반도가 그려진 깃발을 들고 개막식에 함께 입장했으며, 아시안 게임 개막을 알리는 성화도 남북 선수가 같이 피웠다.

경기장 곳곳에서 남북한 공동 응원이 펼쳐졌다. 북한 응원단이 가는 곳마다 수많은 남한 응원단이 따라붙어 북한 팀을 응원했다.

남북 선수단의 공동 입장
2000년 시드니 올림픽에서 남북 선수단은 한반도 지도가 그려진 단일기를 들고 함께 입장했다.

보름간 치러진 대회의 마지막 경기는 마라톤이었다. 북한의 함봉실 선수가 열렬한 응원을 받으며 1등으로 들어왔고, 뒤따라 치른 남자 경기에서는 남쪽의 이봉주 선수가 1등을 차지했다.

남한은 함봉실의 승리에 한없이 기뻐했고, 북한도 이봉주의 승리를 아낌없이 축하했다. 우연일지 모를 결과를 놓고 남북 선수단 모두 설레는 마음을 감추지 못했다.

많은 국민은 드디어 통일이 시작되었다고 생각했다. 남북이 마주 보고 한 걸음씩 서로에게 다가가면서, 서로가 그동안 쌓았던 장벽을 하나씩 허물어 나간다면, 완전한 통일도 머지않아 현실이 될 것이란 희망을 갖게 된 것이다.

북한 응원단
2002년 부산에서 열린 아시안 게임에 북한은 처음으로 선수단과 응원단을 파견했다.

미래로 세계로

갑자기 불어닥친 경제 위기

1997년 11월 21일, 김영삼 대통령은 굳은 표정으로 특별 담화를 발표했다.

> 외국에 진 빚을 갚지 못해서 발생할 수 있는 국가 부도 사태를 막기 위해서 국제 통화 기금(IMF)으로부터 자금을 지원받기로 했습니다. 또한 국제 통화 기금이 제시하는 경제 개혁 요구들을 받아들일 것입니다.

대통령의 발표를 듣고 있던 국민들은 서로를 쳐다보며 물었다.
"국가 부도가 뭐여? 나라도 망할 수가 있나?"
"외국에서 빌린 돈을 못 갚아서 나라가 망한다는 이야기 아닌가. 그래서 IMF라는 데서 돈을 빌려 오겠다는 거지. IMF가 시키는 대로 하는 조건으로 말이야."
"아니, 얼마 전까지 OECD(경제 협력 개발 기구)에 가입했다면서 이제는

국제 통화 기금(IMF)의 개입
1997년 12월 3일, 임창열 경제 부총리와 캉드쉬 IMF 총재가 긴급 자금 지원에 대한 기자 회견을 하고 있는 모습이다.

우리나라도 선진국이 되었다고 하지 않았나? 그런데 웬 날벼락이래."

　국민들에게는 날벼락 같은 상황일지 몰라도 한국 경제는 1997년 초부터 위기의 조짐을 보였다. 부도가 나서 무너지는 기업이 하나둘 생겼다. 당시에는 자기 돈은 별로 없으면서 은행에서 빌린 돈으로 사업을 확대하는 기업이 많았다.

　기업인들은 정치인을 끌여들여 갚을 수 있는 능력보다 훨씬 많은 돈을 은행에서 빌렸다. 기업으로부터 로비를 받은 정치인이 은행에 압력을 넣으면 은행은 해외에서 돈을 빌려서 국내 기업에 돈을 빌려주곤 했었다. 그런데 기업이 망하면서 은행도 어려워지고 외국에 진 빚을 갚을 수 없는 상황이 닥친 것이다.

　"여기는 관악산입니다. 오전 9시 반, 양복 차림의 40대 남자가 승용차에서 내립니다. 트렁크에서 점퍼와 등산화를 꺼내어 갈아입습니다. 최근 갑자기 직장을 잃은 탓에 가족들에게 말도 못하고 양복을 입은 채로 관악산에 오르는 사람이 많아졌습니다. 산으로 출근하는 실업자들의 모습은 IMF가 낳은 쓸쓸한 풍경입니다."

뉴스를 보던 진이가 딸 미영에게 말했다.

"혹시 정 서방도 저러고 다니는 건 아니냐?"

"설마. 그런데 엄마, 나 은행 그만두기로 했어. 이번에 구조 조정을 하는데, 퇴직금도 많이 준다네. 10년이나 다녔으니 지겹기도 하고, 이제 자현이 공부도 시켜야 하잖아. 퇴직금 받아서 집 살 때 빌린 대출금도 갚으려고. 자현 아빠가 무사하기만 바라야지."

진이는 딸을 보며 마음이 아팠다. 진이는 미영을 어떻게든 대학까지 공부시키려고 했지만, 어려운 집안 형편을 뻔히 알고 있던 미영은 상업 고등학교에 진학해 은행에 취직했다. 딸이 첫 월급으로 산 내복을 내밀던 모습, 은행에 다니면서 야간 대학을 졸업하던 날, 환하게 웃던 모습이 생각났다. 은행은 미영에게 단순한 직장 이상이었다. 젖먹이 아이를 친정어머니에게 떼어 놓고 울먹이면서도 포기하지 않고 다니던 직장이었다. 진이는 미영의 손을 잡고 잘했다고 말하면서도 한숨이 절로 나왔다.

국제 통화 기금은 300억 달러를 빌려주는 대신 기업의 운영 방식을 바꾸라고 강요했다. 기업은 구조 조정이라는 이름으로 직원을 줄이고 사업을 정리했다. 되살아날 능력이 없는 기업은 아예 무너졌다. 1997년 12월부터 1998년 9월까지 1000개가 넘는 기업이 쓰러졌고 수많은 사람이 직장을 잃었다.

돈을 벌 수 없으니 쓸 수도 없어서 상가마다 물건을 팔기가 점점 어려워졌다. 물건이 팔리지 않으니 공장은 생산량을 줄여야 했고, 결국 공장 직원도 줄일 수밖에 없었다. 실업자가 급속도로 늘어났다. 갈 곳이 없어진 일부 실업자는 서울역 대합실이나 공원 의자에서 지내는 노숙자가 되었다. 형편이 어려워지면서 이혼을 하는 가정도 많아졌다. 부모가 있는데도 기를 수 없어서 고아원에 맡겨진 아이도 많았다.

사회는 암울했고, 어디에도 탈출구가 없어 보였다. 대한민국이 다시 일어서지 못할 것이라고 예측하는 외국인도 있었다.

금을 모아 달러를 사 오자

"여보, 자현이 돌잔치 때 선물로 받은 금반지가 몇 개지? 좀 꺼내 봐요."

"여기 있어요. 금 모으기 운동에 내려고요? 금목걸이랑 쌍가락지도 있는데, 결혼할 때 어머님께서 해 주신 거라서, 좀……."

"어머니도 찬성하실 거야. 회사에서 10년 근속 기념으로 받은 행운의 열쇠도 있을 텐데, 찾아봐요."

외환 위기의 영향
부채를 바탕으로 한 기업 경영과 부실 금융으로 많은 기업이 도산했고, 엄청난 실업자가 생겼다.

금 모으기 운동
외환 위기가 찾아오자, 시민들이 자발적으로 금 모으기 운동을 펼쳐 외환 확보에 도움을 주었다.

    1998년 1월, 몇몇 단체가 중심이 되어 금 모으기 운동을 시작했다. 나라에 달러가 부족하다면, 금을 팔아서 달러를 사 오면 되지 않겠냐는 생각에서 시작된 운동이었다.

    이 소식이 언론을 통해 전해지자 은행은 장롱 속에서 잠자고 있던 금붙이들을 들고나온 사람들로 붐볐다. 엄마와 함께 돌 반지를 들고나온 아이부터 한복 마고자 단추까지 떼어 나온 할아버지까지 있었다. 금 모으기 운동은 단 10일 만에 100만 명이 넘게 참여하는 범국민적 운동으로 확대되었다.

    1907년에 일본에 진 빚을 갚겠다고 국민들이 술과 담배를 끊고 반지를

정리 해고에 반대하는 노동자들
외환 위기 극복 이후에도 한국 경제는 크게 나아지지 않아 많은 사람이 직장을 잃었다.

정보 기술 산업의 발달
반도체와 무선 통신 기기, 컴퓨터 관련 산업의 성장이 외환 위기 극복에 큰 밑거름이 되었다.

빼서 모금을 하는 국채 보상 운동을 펼친 적이 있는데, 1998년에 다시 부족한 외국 돈을 마련하자며 금 모으기 운동을 벌인 것이다. 두 달 동안 모인 총 137톤 정도의 금은 수출용 금괴로 재생산되어 약 22억 달러를 벌어들였다.

금 모으기 운동은 세계를 또 한 번 놀라게 했다. 한국인의 잠재력을 보여 줌으로써 국가 신용도 회복에도 기여했다.

1997년 12월, 경제 위기가 시작된 상황에서 대통령으로 당선된 김대중은 '국민을 위한 국민의 정부'가 되겠다고 다짐했다. 그리고 노동자와 경영자, 정부 대표를 모아 대타협을 추진했다.

- 기업은 직원 해고와 임금 깎기를 자제한다.
- 노동자들은 기업이 경쟁력을 갖출 수 있도록 협력한다.
- 정부는 노동자의 권리를 확대하고 복지 제도를 만드는 데 애쓴다.

정부와 기업은 새로운 일자리를 만드는 데도 함께 나섰다. 흔히 IT 산업이라 부르는 컴퓨터, 반도체, 휴대 전화를 비롯한 정보 통신 기술을 개발하는 데 적극적으로 나섰다. 기업은 기업대로, 노동자들은 노동자대로 열심히 일했고, 경제도 조금씩 회복되었다. 그 결과 국가는 3년 만에 IMF에게 빌린 빚을 모두 갚고 2001년 8월, IMF 관리 체제에서 벗어났다.

그러나 경제 위기를 극복하면서 잃어버린 것이 너무 많았다. 이제 '평생 직장'은 사라졌고, '사오정(사십오 세 정년)', '이태백(이십 대 태반이 백수)'이라는 말이 유행했다. 똑같은 일을 하면서도 정규직 직원으로 인정받지 못하는 계약직 노동자가 늘어났다. 이들 '비정규직' 노동자는 임금도 적게 받았으며, 계약 기간이 끝나면 언제 해고될지 모르는 불안한 신분이었다.

소득 격차는 더욱 심해져서 부자는 더 큰 부자가 되었고, 가난한 사람은 날로 가난해졌다. 좋은 대학을 나와서 좋은 직장을 얻기 위한 경쟁은 더욱 치열해졌고, 중·고등학교는 입시 전쟁터로 변해 갔다. 1970년대처럼 "열심히 일하면 잘살 수 있다. 열심히 공부하면 성공할 수 있다."는 희망이 점점 더 줄어들었다.

소비의 시대, 생활의 편리

"엄마, 나 스마트폰 사 주라. 응? 내가 공부 열심히 할게."

"아니, 초등학생한테 스마트폰이 왜 필요하니? 엄마가 너만 했을 때에는 집에 전화도 없었어. 그래도 잘만 살았다."

"아, 또 시작이다. 엄마, 그때랑 지금이랑 같아? 엄마 어렸을 때는 냉장고, 세탁기, 청소기, 이런 것도 없었잖아. 지금 우리 반에 스마트폰 없는 애는 거의 없단 말이야. 내가 왕따가 되면 좋겠어?"

"사람만 똑바르면 되지, 그깟 스마트폰이 무슨 상관이냐?"

미영은 스마트폰을 사달라는 아들 유찬이와 몇 달째 실랑이를 하고 있었다. 말문이 막힌 유찬이는 제 방으로 들어가 방문을 쾅 하고 닫아 버렸다. 그 모습을 보던 미영은 중학교 때 휴대용 카세트를 사 달라고 조르던 기억이 나서 피식 웃었다.

'하긴 나도 그때는 휴대용 카세트가 정말 갖고 싶었지. 그것만 있으면 공부도 잘할 수 있을 것 같았고, 다른 것은 아무래도 좋았었지.'

하지만 그때 미영은 엄마 진이의 얼굴이 너무나 슬퍼 보여서 더 이상 조르지 못했었다.

미영이 어렸을 때만 해도 텔레비전과 전화기가 있는 집은 정말 부자였다. 김일의 레슬링 경기나 국가 대표 축구 경기가 방송되는 날이면 동네 전파사 앞이나 텔레비전이 있는 집 마당에 쪼르르 모여서 조그마한 흑백 텔레비전을 함께 보곤 했었다. 집에 있는 가전제품이라고는 전등과 라디오 정도가 고작이었다. 초등학교 3학년만 되어도 여자아이들 대부분이

자기 옷이나 운동화를 직접 빨았다.

　미영은 집을 둘러보며 중얼거렸다.

　"냉장고, 세탁기, 컬러 텔레비전, 전화기, 청소기. 이만하면 없는 게 없네. 생활이 편리해지기는 했지. 그런데도 왜 항상 무엇인가 부족한 것 같고, 시간도 여유도 더 없어진 것 같은지 모르겠어."

　1980년대가 되면서 생활 수준이 빠르게 향상되었다. 집집마다 컬러 텔레비전이 보급되었고, 여러 가지 가전제품이 들어와 생활이 편리해졌다. 1980년대 중반 이후에는 자가용을 가진 집들이 늘어나면서 '마이카' 시대가 열렸다.

　1990년대에 들어서 소비는 더욱 늘어났다. 집집마다 하나씩 있다고 해서 '가전' 제품이라 불린 물건들을 이제는 한 사람이 하나씩 갖게 되었다. 집마다 하나씩 있던 전화는 개인별 휴대 전화로 바뀌었고, 가족이 함께 보던 텔레비전도 손바닥 만하게 휴대할 수 있는 시대가 되었다. 이제 드라마를 볼 것이냐, 스포츠 중계방송을 볼 것이냐를 놓고 싸울 필요가 없어졌다. 가족이 함께하는 시간도 점점 더 줄어들었다.

인터넷과 또 다른 세상

"우리 엄마는 너무 구식이야. 에이, 컴퓨터 게임이나 해야겠다."

　방으로 들어온 유찬이는 컴퓨터를 켜면서 투덜거렸다.

　"웬일로 책상 앞에 앉아 있다 했다. 공부하는 데 필요하다고 해서 그 비싼 컴퓨터를 사 주었더니, 날마다 게임이나 하고 있고. 내가 저 컴퓨터를 내다 버리든지, 인터넷을 확 끊어 버리든지 해야지, 원."

"그러기만 해 봐. 제대로 비뚤어질 거야."

1990년대 후반에 컴퓨터가 보급되기 시작했다. 컴퓨터는 문서와 전화, 상담으로 이뤄지던 기업 환경과 일상생활을 완전히 바꿨다. 특히 전 세계를 하나로 연결하는 인터넷의 보급은 가히 혁명적인 변화였다. 편지나 서류 대신 전자 우편과 파일 전송을 이용하고, 백과사전 대신 인터넷 정보 검색을 하고, 앨범에 사진을 정리하는 대신 홈페이지에 사진 파일을 올리고, 운동장이나 골목길에서 뛰어노는 대신 컴퓨터 온라인 게임을 즐기게 되었다. 인터넷을 통해 얼굴 모르는 사람들을 만나고, 물건을 사고팔며, 전 세계에서 벌어지는 일들을 시시각각으로 알 수 있었다.

인터넷을 통해 정보가 빠르게 확산되고 공유되면서 예전처럼 언론을

장악하거나 통제해 정부가 원하는 여론을 만드는 것이 어려워졌다. 그 대신 정보의 바닷속에서 쓸모 있는 정보를 구별해 내는 능력이 필요했다.

또한 자기가 쓴 소설이나 만든 노래, 만화, 동영상 등을 인터넷을 통해 여러 사람에게 알릴 수 있게 되었다. 누구나 손쉽게 문화를 창조하는 시대가 된 것이다.

컴퓨터와 인터넷이 보급되면서 문제점도 생겨났다. 인터넷을 통해 물건을 사고파는 과정에서 사기를 당하는 경우도 생겼고, 개인 정보가 유출되면서 피해를 입는 사람도 생겼다.

컴퓨터 게임을 흉내 내어 폭행을 하거나, 온라인 게임에 필요한 아이템을 사기 위해 도둑질을 하거나, 심지어 컴퓨터 게임에 중독되어 며칠 동안 게임만 하다가 숨지는 경우도 발생했다. 기술이 발달하고 시대가 변화함에 따라 그에 어울리는 새로운 법과 새로운 윤리가 필요해졌다.

세계가 열광하는 한류

"엄마, 이것 좀 봐. 우리 오빠 사인 정말 멋있지? 오빠 진짜 잘 생겼어. 춤은 얼마나 잘 춘다고."

현관문을 열고 들어온 자현이가 옷도 벗지 않은 채 미영에게 커다란 브로마이드를 펼쳐 보여 주었다. 꿈속에 빠져 있는 듯한 딸의 얼굴을 보며 미영은 기가 막혔다.

"오빠는 무슨. 그래, 새벽 4시부터 덜덜 떨면서 기다려서 받아 온 게 고작 이거냐? 어디 좀 보자. 아니, 네 방에 붙어 있는 애들이 아니네?"

한류 열풍
1990년대 후반부터 한국의 대중문화가 전 세계로 뻗어 나갔다. 2012년 12월 31일, 미국 뉴욕 타임스스퀘어에서 열린 새해맞이 공연에서 가수 싸이가 〈강남 스타일〉을 부르고 있다.

"응. 이제 이 오빠가 최고야."

"내 눈에는 다 똑같아 보이는구먼. 지저분한 머리 꼴 하고는. 잘생기고 춤 잘 추면 뭐하니? 가수가 노래를 잘해야지."

미영이 뭐라 하건 말건 자현은 사진을 끌어안고 싱글벙글이다. 때마침 현관에 들어서던 진이를 보며 미영이 하소연을 했다.

"엄마, 쟤는 도통 누굴 닮아 저런지 모르겠어."

진이는 딸과 손녀가 티격태격하는 모습을 보고 빙그레 웃었다.

"누굴 닮았겠니. 너 생각 안 나니? 딱 자현이만 할 때, 네가 서양 가수 좋다고 책받침이며 연습장이며 도배를 하고, 사진 오려서 스크랩북 만들고 그랬잖니. '조지' 뭐랬나."

"엄마~ 왜 옛날 이야기는 하고그래."

경제가 발전하고 정치가 안정되면서 문화도 발달했다. 가수 '서태지와 아이들'이 등장하면서 음악계는 물론 대중문화 전체에 큰 변화가 나타났다. 청소년들은 자신들의 이야기에 귀 기울여 주고, 자신의 마음을 대신 표현해 주는 젊은 음악인에게 열광했다.

1990년대 후반부터는 텔레비전 드라마가 일본과 중국에 수출되면서 일본과 중국에서 우리나라 영화배우, 탤런트, 가수 등이 인기를 얻었으며 한국의 대중문화가 유행했다. 중국 언론에서는 이런 흐름을 '한류'라고 불렀다. 중국뿐 아니라 일본, 베트남 등 다른 동아시아 국가에서도 이런 현상이 나타났다. 한류 스타도 속속 등장했다.

한국이 세계 속으로 나아가는 만큼, 세계는 우리 속 깊은 곳까지 들어왔다. 오랫동안 금지되었던 일본의 대중문화도 개방되어 일본 가요, 영화, 만화, 애니메이션 등을 자유롭게 접할 수 있게 되었다. 많은 돈을 들여 만든 큰 규모의 미국 영화들이 미국과 같은 날 한국에서 개봉되었다. 문화 산업은 돈을 많이 벌 수 있는 새로운 산업으로 떠올랐다.

오~ 필승 코리아!

"자현아, 유찬아. 이리 좀 나와 봐. 아빠가 '붉은 악마' 티셔츠 사 왔다."

아빠의 말이 떨어지자마자 아이들이 방문을 열고 달려나왔다.

2002년 6월, 월드컵 축구 경기가 한국과 일본에서 공동으로 열렸다. 전 세계의 눈과 귀가 한국으로 집중되는 순간이었다. 월드컵의 열기 속에서 많은 사람이 붉은색 티셔츠를 입고 대한민국 대표 팀을 함께 응원했다.

이들을 '붉은 악마'라고 불렀다.

　경기장에 들어가지 못한 사람들을 위해 시청 앞 광장에는 대형 화면이 설치되었다. 붉은 티셔츠와 붉은 두건을 두르고 태극무늬를 양 볼에 그려 넣은 사람들이 다 같이 앉아서 경기를 관람했다.

　"대~한민국!"

　해가 진 이후에는 집회가 금지되어 있었지만, 사람들은 개의치 않고 모여들었다. 전국 곳곳에서 월드컵 경기를 함께 보며, 함께 응원했다. 얼굴에도, 옷에도, 모자에도 태극기가 그려졌다. 그 과정에서 사람들은 낯모르는 사람들과 하나가 되어 함께하는 기쁨과 희열을 느꼈다.

꿈은 이루어진다

2002년 한·일 월드컵을 성공적으로 개최하고, 4강 진출을 이뤄 냄으로써 국민들의 자부심은 한껏 드높았다.

우리가 선택하는 미래

2002년 12월에 치러진 대통령 선거에서 국민들은 인권 변호사 출신이며, 민주화 운동을 하다가 감옥까지 다녀온 노무현 후보를 선택했다. 노무현 대통령은 취임사를 통해 보다 민주적이고 평등한 세상을 만들겠다고 다짐했다.

"국민과 함께하는 민주주의, 더불어 사는 균형 발전 사회, 평화와 번영의 동북아 시대를 열겠습니다."

북한과 교류하고 협력하는 노력이 꾸준히 이뤄졌다. 서울과 지방이 골고루 발전하고 국민의 복지를 확대하는 방향으로 여러 가지 사업도 추진되었다.

노무현 대통령
제5공화국에 맞서 싸우던 인권 변호사였으며 6월 민주 항쟁 뒤 야당 정치인이 되었다. '참여 정부'를 출범시켜 권위주의를 깨고 각종 개혁을 시행했다.

2007년 대통령 선거에서 국민들은 이름난 대기업 회장을 지냈던 이명박 후보를 선택했다. 이명박 대통령은 경제 살리기를 가장 강조했으며, 기업하기 좋은 나라를 만들겠다고 여러 차례 다짐했다.

2012년 대통령 선거에서는 박정희 전 대통령의 딸이자 창조 경제 등을 내건 박근혜 후보가 대통령이 되었다.

왜 국민들은 '경제'를 강조하는 대통령을 선택했을까? 그리고 어떤 경제를 희망했을까? 경제와 민족 화해, 민주화는 어떤 관계일까?

지난날 경제 개발을 서둘러 진행하면서 민족의 화해와 민주화를 돌보지 못한 때가 있었다. 민주화 운동은 이를 바로잡기 위한 노력이었고, 민주 정부 10년 동안 일정한 성과를 거두었다.

하지만 민주화가 이뤄졌는데도, 빈부 격차는 심해졌고 수도권과 지방의 차이는 더 커졌다. 여전히 차별받는 사람이 적지 않다. 자유는 강조되었으나 평등이 같이 강조되지 못한 것이다.

경제 성장과 민주주의는 자유와 평등처럼 어느 한쪽을 포기할 수 없는 가치이다. 남북한이 서로 간의 차이를 존중하면서, 통일을 지향하는 것도 어려운 일이다. 우리 역사는 이 어려운 과제를 해결해 온 과정이었고, 수많은 실천 사례를 남겼다.

이러한 역사를 공부해 지혜를 얻을 수 있다면 우리의 미래 또한 우리 스스로 만들 수 있을 것이다. 우리 손으로 만들어 나갈 미래는 과연 어떤 모습일까?

이명박 대통령
'경제 살리기'의 기치를 내걸고 대통령에 당선되었고 대기업 중심의 경제 성장, 4대강 건설 같은 토목 건설 중심의 경제 성장을 꾀했다.

만약에

미래를 이야기할 수 있다면?

우리의 오늘은 과거에 살았던 수많은 사람이 만든 것이다. 오늘의 우리를 만든 역사 속 인물들은 지금 우리나라의 모습에 대해서 어떻게 생각할까? 그들의 꿈은 얼마나 이뤄졌을까? 우리는 어떤 세상을 만들어 가야 할까? 역사 속 인물들과 미래를 살아갈 어린이들이 만나서 오늘의 대한민국에 대해 이야기해 보았다.

복돌 오, 이렇게 풍요롭게 살 수 있다니 정말 놀랐어요. 저는 하루라도 배부르게 먹어 보는 것이 소원이었지요. 하루하루 힘들게 살았거든요. 살을 빼기 위해 일부러 굶는 사람이 있다니 믿을 수가 없어요. 먹을 것이 넘쳐 나서 버리기까지 하다니…….

수형 옛날에 비해 먹을 것도 많아지고, 기술도 발전하고, 생활도 편리해졌다는 말을 많이 들어요. 그렇지만 저희도 나름대로 힘든 것이 많답니다. 해야 할 공부가 너무 많아서 정작 하고 싶은 것이 무엇인지 모르겠어요. 저는 자기가 정말 하고 싶은 것을 찾아 즐겁게 할 수 있는 세상이 되면 좋겠어요.

만적 우리는 차별 없는 세상, 사람 사는 세상을 꿈꾸었단다. 노비도 사람이라고, 노비도 사람답게 살고 싶다고, 죽더라도 사람으로 죽겠다고 싸웠지. 오늘날 너희는 우리가 꿈꾸던 세상을 사는 거란다. 오늘의 대한민국은 많은 노비와 농민이 자유와 평등을 위해 노력한 결과이니 소중하게 잘 지켜 가기 바란다.

진이 여성에 대한 차별도 없어졌나 봐요. 오빠처럼 글공부를 하고 싶어도 하지 못해서 속상했는데 말이죠. 요즘에는 여성들도 하고 싶은 일들을 하면서 살 수 있어서 정말 좋은 것 같아요.

재현 이제 신분이란 말은 없어요. 모든 사람은 평등하고 다 같이 존중받아야 한다고 배워요. 그런데도 우리 교실만 둘러봐도 눈에 보이지 않는 벽이 있는 것 같아요. 가끔은 잘사는 아이들이 키도 크고 공부도 잘하고 운동도 잘한다는 생각이 들 때가 있어요.

하멜 내가 처음 이 땅에 표류해 왔을 때 사람들이 나를 무슨 도깨비 대하듯 했었지. 지금은 길거리에 외국 사람도 많이 보이네. 한글로 쓰인 간판보다 영어로 쓰인 간판을 더 쉽게 찾을 수 있고. 그만큼 세계 속의 한국이 되었다는 뜻이겠지?

유진 우리 엄마도 외국 사람이에요. 하지만 나는 한국인이죠. 한국에서 태어나서 한국말밖에 못 해요. 그런데도 사람들은 나를 외국인처럼 대해요. 나는 우리가 피부색이나 언어가 다른 세계 여러 나라 사람에게 좀 더 열린 마음으로 대하면 좋겠어요. 인종이나 문화가 다른 사람들을 배척하지 않고도 우리 역사를 사랑하고 스스로에게 자부심을 가질 수 있잖아요.

김구 나는 우리나라가 하나의 나라로 독립되기를 간절히 바랐단다. 일본의 지배를 받지 않고 외세의 간섭도 받지 않는 아름다운 나라를 만들기 위해 평생을 보냈는데, 아직도 하나가 되지 못하고 서로를 원수 보듯 한다니 너무 슬프구나.

수형 맞아요. 우리나라는 아직도 '전쟁 중'이에요. 빨리 통일이 되고 평화가 오면 좋겠어요. 민주주의를 지키기 어려운 것처럼 평화도 만들어 가기가 어려운 것 같아요. 통일이 되면 부산에서 기차를 타고 시베리아를 거쳐 유럽까지 여행을 해 보고 싶어요. 통일이 되면 주변 나라도 우리를 우습게 여기지 못할 거예요.

만적 너희는 우리를 보면서, 또 역사를 배우면서 어떤 생각이 드니?

재현 역사를 배우니 좋은 점이 있어요. 희망이 보이거든요. 깜깜한 어둠처럼 보여도 결국 정의가 승리하고, 민주주의가 승리하고, 자유가 주어지고……. 우리가 한 발씩 앞으로 가고 있다는 것을 믿을 수 있으니까요. 역사는 '희망'이며 '믿음'인 것 같아요.

수형 역사는 '눈'인 것 같아요. 우리가 살아갈 때 역사의 큰 흐름을 볼 수는 없잖아요. 그런데 역사를 배우면 그 큰 흐름을 배우게 되는 것 같아요. 그래서 세상을 좀 더 넓게, 좀 더 깊게 들여다보는 방법을 배우는 것 같아요. 역사는 세상을 보는 눈, 미래를 내다보는 눈, 숨어 있는 의미를 밝혀내는 눈이 아닐까요?

유진 역사는 '길'인 것 같아요. 우리가 과거에 살아왔던 길, 그 연장선에 우리가 앞으로 살아갈 길이 놓여 있겠지요. 어떤 방향으로 어떻게 생긴 길을 앞으로 만들어 나갈 것인가는 결국 우리 손에 달린 것이고요.

'잘 산다'는 것은 어떻게 사는 것일까? 행복하게 산다는 것은 어떤 것일까? 사람 사는 세상은 어떤 것일까? 우리가 앞으로 만들어야 할 세상, 좀 더 나은 세상은 어떤 세상일까? 역사가 여러분에게 길을 보여 주기를 바란다.

연표

우리나라

1945년	8·15 해방을 맞다.
	이승만, 미국에서 귀국하다.
	김구, 중국에서 귀국하다.
	모스크바 3국 외상 회의에서 한국 문제를 의논하다.
	신탁 통치 실시 여부를 둘러싸고 갈등이 심해지다.
1946년	제1차 미·소 공동 위원회에서 한국 문제를 논의하다.
1948년	제주도에서 많은 사람이 죽거나 다치다.
	평양에서 남·북 협상 회의가 열리다.
	역사상 최초로 선거를 실시하다.
	헌법을 제정하다.
	대한민국 정부가 수립되다.
	북한에서 총선거를 실시하고 조선 민주주의 인민 공화국을 수립하다.
	반민족 행위 처벌법을 공포하다.
1949년	일제 강점기 때 친일파의 반민족 행위를 조사하기 시작하다.
	농지 개혁법을 만들다.
1950년	한국 전쟁이 일어나다.
	부산, 대한민국 임시 수도가 되다.
1952년	이승만, 헌법을 바꾸어 다시 대통령이 되다.
1953년	정전 협정이 체결되어 전쟁이 끝나다.

다른 나라

1945년	미국·영국·중국이 포츠담에서 정상 회의를 하다.
	미국, 일본에 원자 폭탄을 투하하다.
	제2차 세계 대전이 종결되다.
	국제 연합(UN)을 발족하다.
1947년	마셜 플랜을 시작하다.
	인도와 파키스탄이 독립하다.
1948년	세계 인권 선언을 채택하다.
	소련, 독일 베를린을 봉쇄하다.
	제1차 중동 전쟁이 일어나다.
1949년	북대서양 조약 기구가 성립되다.
	중국, 중화 인민 공화국을 수립하다.
1950년	미국, 애치슨 라인을 선언하다.
1953년	힐러리, 처음으로 에베레스트 등정에 성공하다.
1955년	아시아─아프리카 회의(반둥 회의)를 개최하다.

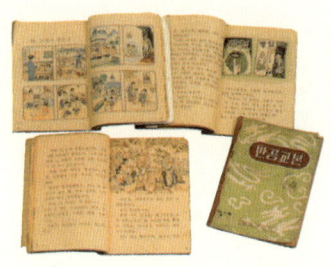

1960년	제5대 정·부통령 선거가 부정 선거로 치러지다.
	마산에서 부정 선거 규탄 시위가 일어나다.
	4·19 혁명이 일어나다.
	이승만이 대통령에서 물러나다.
1961년	박정희가 군사 쿠데타를 일으키다.
1962년	서기(西紀)를 사용하기 시작하다.
1963년	대통령 선거에서 박정희가 당선되다.
1964년	전국적으로 한·일 회담 반대 시위가 일어나다.
1965년	한·일 협정이 조인되다.
1966년	한·미 행정 협정이 조인되다.
	베트남에 전투병을 보내다.
	서울에 운행하던 전차를 철거하다.
1970년	경부 고속 도로가 개통되다.
	전태일이 근로 조건 개선을 요구하며 분신하다.
1971년	제7대 대통령 선거에서 박정희가 당선되다.
	정부가 국가 비상 사태를 선언하다.
1972년	남북 공동 성명에서 자주·평화·통일 원칙에 합의하다.
	유신 헌법이 공포되다.
1973년	유신 반대 시위가 일어나다.
1974년	대통령 긴급 조치 1호로 헌법 논의가 금지되다.
	육영수 여사가 피격으로 숨지다.
	서울시 지하철(서울역~청량리역)이 개통되다.
	《동아일보》 기자들이 자유 언론 실천 선언을 하다.
1976년	민주 인사들이 '민주 구국 선언'을 발표하다.

1956년
헝가리와 폴란드에서 소련에 대한 반대 운동이 일어나다.
1958년
유럽 경제 공동체가 발족되다.
1960년
베트남 전쟁(제2차)이 일어나다.
1961년
소련, 최초로 우주 비행에 성공하다.
1966년
중국에서 문화 대혁명이 시작되다.
1967년
제3차 중동 전쟁이 발발하다.
1969년
미국, 아폴로 11호가 달에 착륙하다.
1970년
미국, 닉슨 독트린을 선포하다.
1971년
중국, 미국 탁구 팀을 초청하다(핑퐁 외교).
중국이 UN에 가입하고, 대만은 탈퇴하다.
1972년
세계 최초 금속 활자본, 고려 《직지심체요절》이 발견되다.
1973년
제4차 중동 전쟁이 일어나다.
1975년
베트남이 통일되다.

1978년　박정희가 제9대 대통령에 당선되다.
1979년　부마 항쟁이 일어나다.
　　　　박정희가 사망하다.
　　　　12·12 쿠데타가 일어나다.
1980년　광주 민주화 운동이 일어나다.
1982년　야간 통행 금지가 해제되다.
　　　　프로 야구가 출범하다.
1983년　이산가족 찾기 방송을 하다.
　　　　교복 자율화 조치를 시행하다.
1986년　헌법 개정 운동이 불붙다.
　　　　금강산 댐 소동이 일어나다.
1987년　6월 민주 항쟁이 일어나다.
　　　　노태우, 제13대 대통령으로 당선되다.
1988년　서울 올림픽이 개최되다.
1992년　서태지 신드롬이 불다.
　　　　김영삼, 제14대 대통령으로 당선되다.
1994년　북한 김일성 주석이 사망하다.
1995년　전두환, 노태우가 내란 혐의로 구속 수감되다.
1996년　OECD에 가입하다.
1997년　IMF 구제 금융을 신청하다.
　　　　김대중, 제15대 대통령으로 당선되다.
2000년　남북 정상 회담을 개최하다.
　　　　시드니 올림픽에서 남북이 공동 입장하다.
　　　　대한민국 김대중 대통령이 노벨 평화상 수상자로
　　　　선정되다.
2002년　한·일 월드컵을 공동 개최하다.
　　　　노무현, 제16대 대통령으로 당선되다.
2007년　이명박, 제17대 대통령으로 당선되다.
2012년　박근혜, 제18대 대통령으로 당선되다.

1979년
소련이 아프가니스탄을 침공하고, 이란에서 혁명이 발발하다.
1980년
이란-이라크 전쟁이 일어나다.
1981년
미국이 최초의 우주 왕복선인 컬럼비아 호를 발사하다.
1989년
중국, 천안문 사태가 일어나 많은 사람이 죽거나 다치다.
독일에서 베를린 장벽이 붕괴되다.
1990년
독일이 통일되다.
1991년
남아프리카 공화국, 인종 차별 정책을 폐지하다.
1992년
소련이 해체되고, 독립 국가 연합이 탄생되다.
1993년
유럽 연합(EU)이 출범하다.
1995년
세계 무역 기구(WTO)가 출범하다.
2001년
미국, 세계 무역 센터가 테러단에 의해 폭격당하다(9·11 테러).

사진 자료 제공

국가기록원
혼분식 장려 운동(123쪽),
이산가족 찾기 방송(152쪽)

《대한민국 정부기록사진집》
베트남 파병 장병 전투(98쪽)

미국 국립문서기록관리청
38도선(19쪽)

4·19혁명 기념도서관
대학교수들의 시위(77쪽), 이승만 동상(80쪽)

《아! 대한민국》
한국인 간호사(89쪽), 한국인 광부(89쪽)

5·18기념재단
국립 5·18 민주 묘지(134쪽),
아버지의 영정을 든 아이(촬영자 나경택, 135쪽)

연합뉴스
해방의 기쁨(14쪽), 이산가족 상봉(151쪽),
소 떼 방문(158쪽), 김대중 대통령과
김정일 국방 위원장의 만남(160쪽),
남북 선수단 공동 입장(162쪽),
금 모으기 운동(169쪽)

연합포토
민주당 선거 홍보물(59쪽),
희귀 동물이 서식하는 DMZ(68쪽),
DMZ의 야생화(69쪽), 김재규(117쪽),
국기 게양(121쪽), 프로 야구 개막(138쪽),
서울 올림픽(147쪽), 한류 열풍(175쪽)

《영원한 도시 서울 7080》
〈로보트 태권 V〉(119쪽), 《똘이 장군》(120쪽)

이영란
전태일 동상(106쪽)

《지울 수 없는 이미지》
미국 국기의 게양(20쪽), 일본 국기의 하강(20쪽)

한국교원대학교 교육박물관
《반공독본》(120쪽)

《한국 현대사 119 대사건》
5·10 총선거 투표 장면(32쪽), 조봉암의 재판(62쪽)

• 저작권자를 찾지 못해 게재 허락을 받지 못한 일부 사진에 대해서는 저작권자가 확인되는 대로 허락을 받고 사용료를 지불하도록 하겠습니다.

찾아보기

ㄱ

가족계획 • 122
건국 준비 위원회 • 15, 20
경제 개발 계획 • 122
경제 협력 개발 기구(OECD)
  • 164
계엄령 • 130
고엽제 • 98
공산주의 • 24, 65
공수 부대 • 132, 134
국제 연합(UN) • 41
국제 통화 기금(IMF) • 164,
  166, 170
군사 혁명 위원회 • 83
근로 기준법 • 106
금 모으기 운동 • 168, 169
김구 • 16, 20, 24, 27, 29
김규식 • 24, 28
김대중 • 130, 140, 159, 161
김영삼 • 140, 149, 158, 164
김일성 • 23, 33, 49, 63, 158
김재규 • 117
김정일 • 159, 161
김종필 • 83
김주열 • 75

ㄴ

〈남북 사이의 화해와 불가침
  및 교류 협력에 관한 합의서〉
  • 157
노동조합 • 80, 146, 147
노무현 • 178
노태우 • 130, 144, 147

ㄷ

대한민국 임시 정부 • 20, 24
더글라스 맥아더 • 21
《동아일보》 • 111, 113

ㅁ

마오쩌둥 • 37
명동성당 • 143
모스크바 3국 외상 회의 • 25
문익환 • 155
민주당 • 58, 60, 86
민주주의 • 67, 75, 79, 139
민통선 • 69

ㅂ

박근혜 • 78
박정희 • 82, 95, 107, 130
박종철 • 141, 142

박헌영 • 23, 28, 36, 63
베트남 파병 • 96
보도 지침 • 137
부·마 민주 항쟁 • 115, 116
부정 선거 • 75, 76
비무장 지대 • 68
비상 국무 회의 • 108

ㅅ

4·3 호헌 조치 • 142
4·19 혁명 • 78, 82, 91
3선 개헌 • 109
38도선 • 17, 24, 45, 63
삼청 교육대 • 137
서경식 • 127
서울 올림픽 • 148
수송초등학교 • 78
스탈린 • 36
시드니 올림픽 • 162
시민군 • 133, 136
신군부 • 130, 136, 140, 147
신민당 • 140
신익희 • 58, 60
신탁 통치 • 25, 27

188

ⓞ

안두희 • 29

안재홍 • 22, 24

엔도 • 12, 13

여운형 • 12, 15, 24, 28

5·10 총선거 • 31

5·16 군사 정변 • 83, 86

5·18 민주화 운동 • 136

유신 헌법 • 110

유엔군 • 41, 45, 49

6월 민주 항쟁 • 144, 149

6·15 공동 선언 • 161

윤보선 • 79, 81

이기붕 • 58, 72

이명박 • 178

이봉주 • 162

이산가족 • 82, 153, 161

이승만 • 23, 48, 60, 109

이시영 • 33

이우근 • 43

이한열 • 144

인민군 • 38, 43, 45, 53

임수경 • 155

ⓧ

자본주의 • 46

자유당 • 48, 57, 72, 81

장면 • 58, 79, 81

전대협 • 155

전두환 • 130, 137, 140, 153

전쟁고아 • 53

전태일 • 107

정전 협정 • 51, 53

정주영 • 159

제국주의 • 62

제네바 회담 • 55

제3공화국 • 85

제2공화국 • 86

제1차 남북 정상 회담 • 161

제헌 헌법 • 32

조봉암 • 59, 61, 63

조선 공산당 • 23

조선 민주주의 인민 공화국 • 33, 34

조선 총독부 • 12, 21

좌·우 합작 • 28

중국 공산당 • 45

중국군 • 46, 50, 51

진보당 • 60, 61

ⓧ

차지철 • 117

청계천 평화 시장 • 106

최규하 • 130

친일파 • 15, 21, 24, 33

ⓚ

쿠데타 • 83, 130, 136

ⓔ

태평양 전쟁 • 13

ⓟ

판자촌 • 102

평화의 댐 • 154

프로 야구 • 138

ⓗ

한일 병합 • 93

한·일 협정 • 93, 95

한국 민주당 • 23, 29

한국 전쟁 • 95

한류 • 175, 176

함봉실 • 162

해방 • 14, 15

헌법 개정 운동 • 153

헌법 개정안 • 108, 109

휴전 • 51, 68, 156

제대로 한국사 10 대한민국의 어제와 오늘

1판 1쇄 발행일 2010년 6월 21일
개정판 1쇄 발행일 2015년 10월 26일
개정2판 2쇄 발행일 2022년 4월 29일

지은이 전국역사교사모임

발행인 김학원
발행처 휴먼어린이
출판등록 제313-2006-000161호(2006년 7월 31일)
주소 (03991) 서울시 마포구 동교로23길 76(연남동)
전화 02-335-4422　**팩스** 02-334-3427
저자·독자 서비스 humanist@humanistbooks.com
홈페이지 www.humanistbooks.com
유튜브 youtube.com/user/humanistma　**포스트** post.naver.com/hmcv
페이스북 facebook.com/hmcv2001　**인스타그램** @human_kids
편집 박민영　**디자인** 유주현 고문화 AGI　**일러스트** 한상언 박미애
용지 화인페이퍼　**인쇄** 삼조인쇄　**제본** 정민문화사

글 ⓒ 전국역사교사모임, 2010
ISBN 978-89-6591-415-0　74910
ISBN 978-89-6591-405-1　74910(세트)

- 이 책은 《행복한 한국사 초등학교 10》의 개정판입니다.
- 이 책은 저작권법에 따라 보호받는 저작물이므로 무단 전재와 무단 복제를 금합니다.
- 이 책의 전부 또는 일부를 이용하려면 반드시 저작권자와 휴먼어린이 출판사의 동의를 받아야 합니다.
- **사용 연령 8세 이상** 종이에 베이거나 긁히지 않도록 조심하세요. 책 모서리가 날카로우니 던지거나 떨어뜨리지 마세요.

선생님들이 가장 많이 추천한 이보다 좋을 수 없는 최고의 한국사!

이렇게 재미있는 역사책이 있었던가? 꼭 있어야 할, 그리고 꼭 있었으면 하는 내용과 자료가 들어 있는 구성 덕분에 부모와 교사도 아이와 함께 읽으면 좋다. 흥미진진하고 역사 고증에도 충실한, 말 그대로 이보다 좋을 수 없는 한국사 교양서이다.
— **김성전** 서울수리초등학교 교사

《제대로 한국사》는 재미있고 풍성하다. 무엇보다 생동감이 있어서 마치 영화를 보고 있는 듯한 착각에 빠져든다. 인물, 사건, 제도가 아니라 조상들의 지혜, 용기, 희망 등을 전하고자 하는 역사 선생님들의 노력이 느껴진다. 역사를 왜 공부해야 하는지, 역사가 미래에 어떤 도움이 될지 잘 알려 주는 책이다.
— **이강무** 서울인창중학교 교사

5학년 사회 수업 보조 교재로 꼭 안성맞춤인 역사책이다. 한국사를 이해하는 데 꼭 필요한 내용만 엄선해 쉽게 썼다. 교과서의 흐름에 맞춘 탄탄한 내용 구성은 아이들이 역사를 이해하는 데 도움을 주고, 여러 인물의 이야기는 아이들이 역사에 더 가깝게 다가가도록 돕는다.
— **김형도** 광주새별초등학교 교사

"역사를 잊은 민족에게 내일은 없다." 아이들에게 역사를 제대로 가르쳐야 하는 까닭도 바로 여기에 있다고 생각한다. 교과서만으로는 우리 역사를 깊이 알기 어렵다. '제대로 된' 역사책으로 우리 아이들에게 역사를 알아 가는 기쁨을 주고 싶다.
— **진현** 화성제암초등학교 교사

《제대로 한국사》는 오랫동안 학생들을 가르쳐 온 역사 선생님들이 아이들의 눈높이에 맞춰 흥미로운 이야기로 역사를 들려준다. 아이들이 역사 속으로 푹 빠져 재미있게 읽으면서 동시에 역사 공부도 할 수 있는 멋진 책이다.
— **최운** 남양주판곡초등학교 교사

흥미진진한 자기 주도 역사책. 사료에 기반한 역사적 사실들이 생동감 있게 아이들의 눈앞에 펼쳐진다. 교과서의 어려운 용어와 개념보다 생생한 과거 '사람들의 이야기'가 되살아난다. 아이들이 고개를 끄덕이며 쉽게 읽을 수 있는 진정한 드라마이다.
– 맹수용 의정부중학교 교사

어려운 역사적 용어와 개념을 딱딱한 단어들 앞에 묶어 두지 않고 백성들의 소리로 전달했다. 아이들이 술술 읽으면서 옛사람들이 살았던 시대와 삶을 생생하게 경험해 볼 수 있는 책이다. 이 책에는 아이들이 가진 역사에 대한 거부감의 원인이 무엇인지 알고, 그것을 해결하려 고민한 흔적이 여실히 드러나 있다.
– 나해린 양주고등학교 교사

교과서 속 인물들이 책에서 빠져나와 살아 움직이며 활기 넘치는 모습으로 이야기를 전해 준다. 역사가 재미없는 과거 사실의 나열이 아니라, 나와 같은 사람들이 울고 웃으며 생활했던 모습이 담겨 있는 옛날이야기라는 것을 보여준다.
– 손언희 김해삼성초등학교 교사

굵직한 역사적 사건들을 작은 역사적 사실과 연결해 역사를 쉽게 만나게 한다. 역사책은 딱딱하다는 고정 관념을 버릴 수 있게 한 구성이 마음에 든다. 역사를 처음 만나는 아이들에게는 눈높이 역사 교과서이고, 학부모에게는 흥미진진한 역사 교양 안내서이다.
– 김동국 부산정관초등학교 교사

내 친구들의 이야기, 내 이웃의 이야기를 읽는 것 같아 친근하다. 그러면서도 주변 사람과의 관계를 생각하게 하고, 사회와 나의 관계, 더 나아가 세계 속의 나를 생각해 볼 수 있게 하는 책이다. 한 편의 이야기를 읽듯 쉽고 재미있다.
– 배병록 서천초등학교 교사